Hans-Jürgen Müller
Made in GDR – Teenagerjahre in Piesteritz

Hans-Jürgen Müller

Made in GDR – Teenagerjahre in Piesteritz

Rediroma-Verlag

Bibliografische Information der Deutschen Nationalbibliothek:
Die Deutsche Nationalbibliothek verzeichnet diese Publikation in der Deutschen Nationalbibliografie; detaillierte bibliografische Daten sind im Internet über http://portal. dnb. de abrufbar.

ISBN 978-3-98527-734-6

www. rediroma-verlag. de
10,95 Euro (D)

Inhalt

Vorwort

Dieses Buch ist all jenen gewidmet, die einen Teil ihres Lebens oder, wie ich, sogar den wichtigsten Teil davon in der früheren DDR verbracht haben. Andererseits wendet es sich auch an die Menschen, die das kleine Land DDR nicht aus eigenem Erleben kennen und vielleicht erfahren sollten, wie gerade meine Generation dort lebte, dachte, fühlte und liebte.

Und damit beginnen auch schon die Siebziger-Jahre und damit jenes Jahrzehnt, welches für mich in der Erinnerung (ich weiß, diese wird immer mit goldener Feder geschrieben!) immer strahlend sein wird. Gleichzeitig befällt mich bittersüße Wehmut, weil es keinen „Time-Tunnel" gibt, der mich in diese Zeit zurückbringt. Ich kann auch nicht rufen: „Scotty, beam mich hoch", wie in Raumschiff Enterprise.

In meinem Buch „Zwischen Bravo und Mosaik" versuchte ich, die sechziger- und ganz frühen Siebziger-Jahre im alten Kleinwittenberg so zu beschreiben, wie ich diese einmalige Zeit erlebte. Vom Alter her war ich dabei noch ein (vielleicht etwas frühreifes) Kind oder ganz „junger Jugendlicher".

Meine eigentliche Jugendzeit ist aber die mittleren Siebziger-Jahre und damit sind wir auch schon bald mittendrin im Geschehen. Es war auch die Zeit des ersten vorsichtigen Händchenhaltens, des ersten Verliebtseins mit seinen Himmel- und Höllegefühlen und bleibt schon allein deshalb unvergesslich.

Auch jetzt bildet mein altes, heißgeliebtes Kleinwittenberg die Kulisse, vor der sich vieles abspielte. Diesmal kommt auch noch Piesteritz mit hinzu, schon allein deshalb, weil mein Schulweg dorthin führte. Vom Piesteritz jener Jahre ist allerdings nicht viel geblieben. Die Stadtoberen haben in den letzten Jahren und Jahrzehnten erfolgreich zugesehen, wie die einst so liebenswerten Vororte Kleinwittenberg und Piesteritz ihr einmaliges Gepräge verloren. Gerade Piesteritz ist ein ziemlich toter Ort geworden, in dem fast keine Verkaufseinrichtung mehr existiert, geschweige denn Kino, Postamt oder Gaststätten. Damit wurde eine Chance vertan, denn gerade diese Einmaligkeit der Vororte wäre jeden Versuch wert gewesen, erhalten zu werden. Auch deshalb möchte ich jene Zeit, in der alles anders war, nochmal zum Leben erwecken.

Alle, die möchten, nehme ich gerne mit auf die Zeitreise, meine Altersgenossen sowieso. Noch schmerzten weder Knie noch Rücken und die größte Sorge war, wie man ins „Kürschner" zur Disco kommt oder ein „BRAVO"-Poster von „Sweet" oder „Slade" ergattert.

Etwas früher galten die gleichen Sorgen der Beschaffung von Westkaugummi, Aufklebern oder „Matchbox"-Autos („Matchies" genannt). Später nahm die Frage nach Mopeds bei uns Jungs natürlich großen Raum in unserer Gedankenwelt ein. Selbst nachdem man stolzer Besitzer eines solchen Gefährtes („Star", "Habicht", "Schwalbe", "S 50") war, rissen die „Sorgen" nicht ab, weil ja die „Spritfrage" trotz permanent klammer Finanzen ständig gelöst werden musste.

Wie überschaubar unsere Probleme wirklich waren, konnten wir erst später ermessen. Deshalb möchte ich die Leser auf diese fiktive Reise in eine Zeit einladen, die bunt und glücklich war, nicht nur, aber allein auch wegen unserer damaligen Jugend.

Auch werde ich mich wieder bemühen, Piesteritz und Kleinwittenberg mit den typischen und liebenswerten Eigenheiten darzustellen, um vielleicht etwas von der Atmosphäre zu vermitteln, in der sich dieser für uns besondere Siebziger-

Jahre-Film abspielte. Diese kleinen Orte hätten überall in der DDR sein können oder vielleicht auch nicht.

Also, begleitet mich im „Time-Tunnel“ und habt viel Spaß beim Lesen!

Hans-Jürgen Müller

Piesteritz, im Mai 2022

Zeitsprung

Der Freitag im Juni 1976 verspricht ein wunderschöner Tag zu werden. Terry Jacks singt gerade sein „Seasons in the Sun“. Die Sonne geht langsam über der Elbe auf und Nebel liegt noch über dem Fluss. Bald sind Sommerferien und das ganze acht Wochen lang! Welche Mädchen werden im Joly-Park auf der Bank sitzen? Welche Abenteuer werden wir erleben? Wir sind so jung und langsam beginnen wir, uns mit der Liebe zu beschäftigen.

Die Gruppe „ABBA“ hat vor zwei Jahren mit „Waterloo“ den „Grand Prix“ gewonnen und ihre Hitserie mit „S.O.S.“ fortgesetzt. Auch mein Herz beginnt jedes Mal, „S.O.S.“ zu funken, denn ich bin unsterblich in die blonde Sängerin Agnetha verliebt.

Und dann gibt es dieses Mädchen namens Eva aus Wittenberg-West, welches der Sängerin frappierend ähnelt. Sie ist zwei Jahre älter als ich und das sind in diesem Alter Welten, die uns trennen. Für sie bin ich ein „Stift“ und viel zu jung. Trotzdem schenkt sie mir im Vorübergehen ein zauberhaftes Lächeln und einen Blick, der meinen Puls auf 110 treibt!

„Just for a moment I caught her eyes“, wie „Smokie“ in „Alice“ singt, und trotzdem bin ich selig. Ich weiß jedes Mal gar nicht, wie ich mich bewegen soll, wenn ich ihr begegne. Natürlich will ich „cool“ wirken, laufe aber wahrscheinlich herum wie eine verkrampfte Holzpuppe. Aber ich habe dieses „Kribbeln im Bauch, das man nie mehr vergisst“ und bewege mich zwischen Himmel und Hölle auf einer Achterbahn der Gefühle.

Laufend höre ich „S.O.S.“ und auch „Love hurts“ von „Nazareth“. Meine Gedanken sind nur bei Agnetha, ach nein, Eva.

„Only the lonely“ von Roy Orbison passt auch noch zu meiner Gefühlslage, aber spätestens bei „Sugar Baby Love“ von den „Rubettes“ fällt mir ein, dass es auch noch andere schöne Mädchen gibt.

Diese Gedanken und Träume der Teenagerzeit sind unvergesslich. Aber sie beginnen erst später in diesem Buch, denn noch sind wir Stifte und müssen erstmal zur Schule.

Auf dem Weg zur Schule

Anfang der siebziger Jahre begann die Zeit, in der meine Kreise größer wurden und der Hof in der Kürschnerstraße nicht mehr allein den Mittelpunkt bildete. Ich lernte neue Freunde in den angrenzenden Straßen kennen, mit einigen von ihnen blieb ich über viele Jahre verbunden.

Erstmals überschritten wir gemeinsam auch jene Grenze, genannt „Straße der Neuerer", die das alte Kleinwittenberg von den damals sogenannten „Neubauten" trennte. Das anfangs lose Bündnis mit meinem Schulfreund Peter verfestigte sich und blieb bis zum Schulende bestehen. Auch mit ihm sind viele Erinnerungen und Gedanken verknüpft. Ich holte ihn jeden Morgen ab und gemeinsam erlebten wir auf unserem Schulweg so manches Abenteuer.

Unser recht langer Weg führte uns nach Piesteritz, in die altehrwürdige „Goethe-Oberschule". Dass wir überhaupt in diese Schule gingen, hatte mit einer merkwürdigen Einteilung zu tun. Irgendein Schulbürokrat hatte die Festlegung getroffen, jene Kinder, welche auf der linken Seite der Straßen von Kleinwittenberg wohnten, in die „Goethe-Oberschule" zu schicken. Die rechte Seite durfte die wesentlich näher gelegene „Karl-Marx-Oberschule" besuchen.

Anfangs ärgerte meine Eltern und mich dieser Umstand sehr. Ich kam aber sehr schnell zu der Erkenntnis, das bessere Los gezogen zu haben. Die „Karl-Marx" war noch ziemlich neu und anfangs durfte man, ähnlich wie in Schloss Sanssouci, nur in übergroßen Pantoffeln herumschlittern, um das neue Parkett ja nicht zu beschädigen. Außerdem wollte diese Schule bei allem die Beste sein, sei es bei außerschulischen Aktivitäten, wie dem Altstoffsammeln oder sonstwo. Da ging es an meiner Schule doch gemächlicher zu. Ich mochte auch unseren Schulhof mit seinen alten Bäumen und das klassische Schulgebäude.

Da nun unser Schulweg eine beträchtliche Länge aufwies, bot sich natürlich für Peter und mich die Gelegenheit, allerlei Interessantes zu erleben.

So stand ich nun morgens pünktlich vor jenem Tor in der Kleinwittenberger Robert-Koch-Straße, hinter dem sich das ältere Häuschen befand, das Peters Eltern gekauft hatten. Als „Teen" hatte ich schon frühmorgens die neuesten Hits im Kopf, wie „Moviestar" von „Harpo", war gespannt auf den Tag und freute mich schon irgendwie darauf. Heute unvorstellbar!

Fast zehn Jahre holte ich Peter zur Schule ab. Während ich anfangs noch vor dem Tor auf ihn wartete, tat ich dies später immer in der Wohnung. Besonders in der Weihnachtszeit war das immer recht angenehm für mich. Der Kachelofen in der Wohnstube verströmte noch eine behagliche Restwärme, unter dem Weihnachtsbaum war in der Morgendämmerung eine HO-Modellbahn zu erahnen und wir hatten eigentlich gar keine Lust mehr, zur Schule zu gehen. Aber es musste ja sein und schließlich machten wir uns auf den Weg nach Piesteritz.

Trotz der frühen Stunde war Kleinwittenberg schon erwacht. Aus der Bäckerei Walter schien das Licht und auch im Konsum-Laden um die Ecke herum war Betriebsamkeit zu erahnen. Besonders im Winter empfand ich diese ganze Atmosphäre immer als anheimelnd. Es war noch dunkel und das Licht der Schaufenster reflektierte sich im Schnee. In der Weihnachtszeit roch es dazu auch noch verführerisch nach Lebkuchen. An meiner späteren Schwäche für Dominosteine ist übrigens dieser Bäcker schuld!

Unser Weg führte an der Berufsschule in der Robert-Koch-Straße vorbei, der früheren Joly-Villa. Auch hier begann schon der Unterricht recht zeitig. Die meist weiblichen Auszubildenden für Büroberufe waren für uns noch nicht interessant, das kam erst später. Da standen die manchmal bildhübschen Mädchen oft vor uns beim Bäcker Walter an. Sorgfältig versuchten wir dann, unser Interesse zu verbergen und musterten scheinbar beeindruckt die Auslagen in der Backstube. Das fiel natürlich erst recht auf, denn so viel zu sehen gab es ja nun auch wieder nicht. Schließlich fragte die Verkäuferin, was das Mädchen zu kaufen wünschte.

Wie gebannt starrten wir auf den süßen Mund, aus dem dann oft im breitesten Sächsisch der Verkaufswunsch geäußert wurde. Das erstaunte uns, bis wir später erfuhren, dass einige der Berufsschülerinnen aus dem Großraum Leipzig stammten.

Aber all das kam erst, als wir älter waren. Noch interessierten uns viel mehr die Kastanien, die an den Bäumen des malerischen Parks der Berufsschule wuchsen. Um an diese zu gelangen, musste von der Robert-Koch-Straße aus illegalerweise der Zaun zum Park überklettert werden. War dies gelungen, lauerte die viel größere Gefahr in Gestalt des bösartigen Hausmeisters und seines ebenso bösartigen Hundes. Urplötzlich schossen beide aus den Tiefen des Parks heran, um den Eindringling zu ergreifen. Nun hieß es, schnellstens den Fluchtweg anzutreten, zumal auch der Hund schon vor lauter Appetit die Zähne zu fletschen schien.

Einer meiner Freunde kam, wahrscheinlich aufgrund fehlender sportlicher Voraussetzungen, nicht schnell genug über den Zaun und dem Hund gelang es tatsächlich, diesem das Hinterteil seiner Hose und Unterhose abzureißen. Der Stoff der beiden „Designerstücke“ war aufgrund häufigen Waschens ohnehin schon etwas brüchig. Nun stand der Bedauernswerte ohne Hosenboden, also mit nacktem Hintern, in der Robert-Koch-Straße. Auf der anderen Seite des Zaunes war der heftig fluchende Hausmeister in seinem grau-blau-braunen Arbeitskittel zu sehen. Der Hund hielt triumphierend den abgerissenen Hosenboden im Maul und schien zu grinsen. Wenigstens gingen die begehrten Kastanien auf der Flucht nicht verloren. Damit konnten unter Zuhilfenahme von Bohrer und Streichhölzern allerlei seltsam anmutende Geschöpfe kreiert werden. Dies schien meinen Kumpel aber zunächst wenig zu interessieren. Vielmehr war für ihn die elementare Fragen zu klären, wie er mit seinem stark beschädigen Beinkleid unauffällig nach Hause kommt und seinen Eltern den fehlenden Hosenboden erklärt. Um ihm Mut zu machen, wies ich berechtigterweise darauf hin, dass er doch nun sein „großes Geschäft“ auf der Toilette machen könnte, ohne die Hosen herunterzulassen. Der Hinweis kam aber gar nicht so gut bei ihm an und schließlich gelang es uns doch noch, eine Teillösung zu finden, indem ich ihm meine alte Trainingsjacke um die Hüften schlang.

Ich erinnere mich auch noch an das Pförtnerhäuschen, welches sich an der linken Seite des Zaunes befand. Der gestrenge Pförtner schien sehr auf die Mädchen aufzupassen und ein Unberechtigter kam gar nicht erst auf das Schulgelände. Später, als Teenager, gelang es uns, dieses Nadelöhr zu umgehen, und so manche Verabredung wurde über die alte Mauer aus Schlackesteinen getroffen, die vom Jolypark her das Gelände begrenzte. Aber das alles erst später.

Jetzt setzten Peter und ich noch brav unseren Weg zur Schule fort und gelangten über die Kleinwittenberger Franz-Mehring-Straße nach vorn zur „Straße der Neuerer“, auch

„Hauptstraße“ genannt. In der Franz-Mehring-Straße befand sich die Fa. Lerch, ein kleiner Metallbaubetrieb. Schon früh am Morgen herrschte dort geschäftiges Treiben und es war für uns Kinder immer interessant, zu sehen, wie dort bei offenen Toren gehämmert und geschweißt wurde. Ein Produkt der Firma waren auch Teeröfen, die nagelneu und schwarz glänzend draußen standen. An der Ecke zur Grünstraße hatte das kleine Fleischeiergeschäft Österitz seinen Standort.

Auf dem Rückweg von der Schule bettelten wir dort immer um Wurstzipfel für Peters Hund Flocki. Meistens hatten unsere kläglichen Bitten auch Erfolg und wir bekamen eine Papiertüte mit den begehrten Resten. Leider bekam Flocki nie den vollständigen Inhalt, weil wir beide uns nicht zurückhalten konnten und Flockis zukünftiges Mahl schmälerten. Ich bildete mir tatsächlich oft ein, dass Flocki uns vorwurfsvoll ansah, wenn er den Inhalt der Tüte inspizierte. Aber keine Angst, der gute Hund bekam immer noch genug, er schien aber zu spüren, dass der Inhalt der Tüte nicht ganz vollständig war.

Schließlich erreichten wir die „Hauptstraße“ und bogen an der Ecke mit dem Textilgeschäft in Richtung Piesteritz ab. Da kam auch schon der erste „Hingucker“, das Uhren- und Juweliergeschäft Endruschat. Besonders die ausgestellten Armbanduhren, aber auch so mancher Kitsch begeisterten uns damals. Die preiswertesten Armbanduhren kosteten immerhin um die 30 DDR-Mark und waren lange für uns nicht erschwinglich. Bald erschienen die ersten Armbanduhren mit Stopfunktion und einigen anderen Sonderspielereien. Diese Teile waren natürlich noch teurer.

Meinem Kumpel Thomas und mir war es durch eifriges Schrottsammeln gelungen, das zum Kauf notwendige Geld, ca. 80 DDR-Mark, zusammenzubekommen. Es war ein besonderer Tag, als wir voller Stolz endlich diese Uhren kaufen konnten. Ständig, sogar in der Nacht, musste die Uhr von nun an getragen werden. Zum Glück hatte sie Leuchtziffern. Auffällig oft kratzten wir uns am Tag an der Nase, damit der Hemd- oder Jackenärmel zurückrutschen konnte und die Uhr auch ja zu sehen war. Richtige kleine Angeber eben! Aber noch war es nicht so weit und wir mussten uns mit kleineren Dingen begnügen. So kaufte ich einmal ein ungeheuer kitschiges „Seemannsgrab". Das war eine kleine Kette, an der ein Herz, ein Anker und ein Kreuz aus Messing hingen. Etwas später wurde ich stolzer Besitzer eines Kettchens, an dem ein mit roten Strasssteinen besetztes Kreuz hing. Ich war das erste Mal richtig verliebt und bildete mir ein, das Kettchen würde mir Glück bringen. Noch schlimmer war mein Cousin Dietmar, denn er kaufte ständig Krawattennadeln bei Endruschat, obwohl er gar keine Krawatte besaß.

Dann kamen auch schon das Milchgeschäft Noffke, ein Blumenladen, „Fernseh-Schnee", und ein Haushaltswarenladen. Anschließend passierten wir das Geschäft von Bäcker Röder. Dieser Bäcker hatte immer für uns äußert schmackhafte Waren im Angebot. Leider war deshalb auch immer alles schnell ausverkauft. Auch viele andere Dinge in diesem Bäckerladen erfreuten unser Herz. So gab es Lakritzstangen, Traubenzuckertabletten, kleine rhombenförmige Lakritze in runden Blechschachteln und vieles mehr. Übrigens hielt sich hartnäckig das Gerücht, die Lakritze wäre wegen ihrer schwarzen Farbe aus Pferdeblut oder aus sich noch schlimmer anzuhörenden Zutaten gefertigt. Das tat unserem Appetit keinen Abbruch. Die einzige Sorge war das ständig knappe Budget von nur ein paar Groschen. Was sollte man davon zuerst kaufen? Ein Brötchen kostete zwar nur 5 Pfennig, für 10 Pfennig bekam man eine Salzstange von Bäcker Matthies in der Bergstraße oder einen bunten Lutscher von Scharfe oder Hiller. Eine Kugel Eis (außer Schoko) war auch schon dafür zu haben und so manches mehr. Da hieß es, eine kluge Auswahl zu treffen, denn in das Kino wollten wir ja auch noch.

Aus unerfindlichen Gründen meinten wir auch in der Drogerie Böhme ständig Niespulver in kleinen runden Döschen oder ein viereckiges Fläschchen Veilchenparfüm für den sagenhaften Betrag von einer Mark kaufen zu müssen. Der Vorteil dieses edlen Parfüms war, dass der etwas merkwürdige Geruch genauso schnell verschwand, wie man ihn aufgetragen hatte.

Nach diesen Hinweisen auf die äußerst schwerwiegenden Entscheidungen, die ständig zu treffen waren, aber nun wieder zurück zum Schulweg.

Nach Bäcker Röder passierten wir noch ein Fleischereigeschäft und dann kam auch schon der bekannte Laden von „Lampen-Killig". Nebenan befand sich die Gaststätte von „Stadt Wittenberg", von allen nur „Jarosch" genannt. Dann kam auch schon Schneider Wentzel. Der Bach, der Kleinwittenberg von Piesteritz trennte, wurde von uns überschritten, nicht ohne meistens einen Blick über das Geländer zu werfen. Schon standen wir vor dem Geschäft von „Fahrrad-Rossbach" und anschließend vor „Buch-Krüger". Zu diesem Geschäft ist durchaus einiges mehr zu sagen und ich habe es sehr oft besucht. Die angebotenen Bücher und Schreibwaren, waren für mich stets von Interesse. Auch viele Schulbücher und sonstiges Schulzubehör waren hier zu bekommen. Die in den beiden großen Schaufenstern ausgestellten Bücher waren für mich immer ein Grund stehen zu bleiben. Alles, was an bestimmten Materialien in der Schule benötigt wurden, sei es Zeichenkarton, Buntpapier, Schulhefte, Umschläge, Spitzer, Radierer, Bleistifte, Buntstifte oder Ähnliches, wurde bei „Buch-Krüger“ gekauft. Obwohl von der Schule gefordert, war auch bei „Buch-Krüger“ vieles im ersten Anlauf nicht zu haben. Ich erinnere mich dabei noch an Tempa-Farben oder den ersten Rechenschieber „Mono-Rietz“ aus Plastik. Oft stand ich staunend im Laden und schaute auf die Vitrinen mit den besseren Tintenfüllern und Vierfarb-Kugelschreibern. Auch hier störte wieder unser begrenztes Budget, denn liebend gern hätte ich mir so einen verchromten Kugelschreiber gekauft, aber dies gelang mir erst viel später. Also musste man das kaufen, was noch in finanzieller Reichweite lag, aber auch hier war es noch schwierig, eine Auswahl zu treffen. Für Tuschkästen konnten noch einzelne flache Farben gekauft werden. Auch das begeisterte schon, vor allen Dingen, wenn mal wieder neue Farbtöne angeboten wurden. Zaghaft tauchten auch schon die ersten Modefarben wie Pink und Neongrün auf und ich erwarb voller Stolz ein Lesezeichen in Form eines flachen Plastepinguins in neongrün. Man konnte allerdings schnell als „weibisch“ bei den anderen Jungs gelten, wenn zu viel Begeisterung für diese Farben gezeigt wurde. Auch ein neuer Bleistiftspitzer in Form eines Plastebootes oder eines Fußballes, der zum Leeren in der Mitte geöffnet werden konnte, war schon mal ein Grund zur Freude. Ein ganz besonderer Artikel waren Faserschreiber, auch Filzstifte genannt. In der DDR und damit auch bei „Buch-Krüger“ gab es irgendwann die begehrten Stifte zu kaufen, aber nur in den Farben grün, rot, blau und schwarz. Die mit einer durchsichtigen Kappe versehenen Stifte waren schwer zu bekommen und wir ständig auf der Jagd danach. Irgendjemand hatte behauptet, man könne die Minen der Stifte wieder mit Essig zum Leben erwecken, wenn diese leer oder ausgetrocknet waren. Das führte nun zum reichlichen Einkippen von Speiseessig in die Stifte, die aber durch diese Maßnahme nicht wirklich brauchbarer wurden. Dafür roch die Federmappe nun, als ob sie in einem Drogenlabor gelegen hätte. Auch hier war es wieder von Vorteil, Westbeziehungen zu haben und eine Großpackung der begehrten Stifte in allen erdenklichen Farben geschickt zu bekommen. Winkelmesser, Lineale, Dreiecke und die berüchtigten Kurvenlineale in neuen Farben waren auch manchmal zu haben. Ein Drehbleistift mit abschraubbarer Metallhülle stand lange Zeit ganz lange auf meiner Wunschliste. Dieses Metallröhrchen wurde übrigens im Unterricht zweckentfremdet eingesetzt. Manch stolzer Besitzer verwendete dieses manchmal als eine Art Blasrohr, mit dem er gut durchgekaute Papierkugeln an den Kopf seiner Angebeteten schoss. Eine seltsame Art des Werbens, aber immerhin!

Zum Schreiben in der Schule war in den Anfangsjahren der berüchtigte „Pionier-Füller" vorgeschrieben. Dieses Schreibgerät musste mithilfe eines drehbaren Pumpkolbens an seinem Ende aus einer Tintenflasche gefüllt werden. Leider war dieser furchtbare Füller selten dicht und hinterließ überall Tintenflecken. Daran konnten auch die in jeder Federmappe vorhandenen Lederläppchen und auch kein Löschblatt wirklich etwas ändern. Es war auch sehr schwierig, auf dem damals oft faserigen Papier mit der klecksenden und hakenden Feder wirklich sauber zu schreiben. Als Dank und Anerkennung wurde dann auch noch die Note 5 in Schönschrift verliehen. Besser, aber nicht wirklich gut, waren dann schon die Patronenfüller, die wir später verwenden durften. Es gab dann auch schon Tintenpatronen in unterschiedlichen Farben.

Zu beneiden war, wer Westbeziehungen hatte und sich einen „Geha-“oder „Pelikan“-Füller aus dem „Nicht-sozialistischen Währungsgebiet“ schicken lassen konnte. Diese Füller glitten wie von allein über das Papier, selbst über die Holzfaserenden. Von so einem Füller träumte ich, habe aber leider nie einen bekommen. Da half nur Betteln bei den Mädchen, die oft so ein Teil besaßen: „Kann ich och ma damit schreiben?“ Die Antwort war meistens: „Nee.“

Weiter auf unserem Schulweg folgte „Buch-Krüger“ die Gaststätte „Pappelbrücke“ und darauf der Fleischer „Baldauf“, früher „Löffelholz“. Gemüseladen, Kino, Sparkasse und Post waren weitere Etappen auf unserem Weg, ebenso wie „Gerthlers Medizinaldrogerie“ und „Bäcker Zeidler“. Auch der Fotograf Schoch, ein Schuhladen und der an der Ecke Strengstraße gelegene Reifenladen sind vielleicht noch erwähnenswert. Auf einige dieser Läden und Einrichtungen komme ich später noch zurück.

Meistens wechselten wir schon auf der Höhe von „Buch-Krüger“ die Straßenseite und gelangten damit an jene runde Ecke der Clara-Zetkin- und Dessauer Straße, wo sich die Arztpraxen von Dr. Schmidt und Assistenzärztin B. Klar befanden. Auf unserem weiteren Weg auf dieser Straßenseite folgten noch viele der für Piesteritz so eigenen kleineren und größeren Einzelhandelsgeschäfte. Ich kann mich noch gut an die kleinen Läden von Scharfe und auch von Hiller erinnern. Hier war an Lebensmitteln so ziemlich alles zu bekommen, was es halt so gab. Von saurem Hering bis hin zu Lutschern oder Äpfeln. Alles war so typisch im Stile von den alten Kolonialwarenläden gehalten. Ebenso gut habe ich noch den jenen Geruch in der Nase, der mich beim Betreten dieser kleinen Läden umfing. Er war nicht unangenehm, aber es war so eine ganz eigene Mischung von Gewürzen, Kaffee, sauren

Gurken und sonstigen Waren. Manchmal gab es hier mehrfarbige Lutscher oder die begehrten Gummischlangen für 10 Pfennig. Vor dem Laden wurde in alten Kisten das meist sehr dürftige Obst und Gemüse feilgeboten. Jeden Morgen bewunderte ich meinen Schulkumpel Peter, der sich mit hoher krimineller Energie seine tägliche Vitaminzufuhr durch das Stehlen eines Apfels sicherte. Als nächstes folgte ein für Piesteritz relativ großes Möbelgeschäft, nach seinem Inhaber „Möbel-Kaspar" genannt. Faszinierend fand ich zu jener Zeit den mit Mosaiksteinen geformten Namen auf den Trittplatten des Eingangsbereiches. Der Rundfunkladen „Rudloff" war auch stets von Interesse für uns. Während auf der rechten Schaufensterseite meist Werkzeuge, manchmal auch für uns Jungs recht interessante Messer und Dolche dargeboten wurden, waren die anderen beiden Schaufenster meist der damaligen Rundfunktechnik vorbehalten.

Mit großen Augen starrten wir auf die für uns Halbwüchsige unerreichbaren Kofferradios an.

Neben „Rudloff" befand sich eine Eisdiele (Naumann), ebenso wie in der Pestalozzistraße. Eine Kugel Vanille- oder Erdbeereis kostete 10 Pfennig, Schoko 15 Pfennige. Das anfangs noch angebotene Waldmeistereis gab es irgendwann nicht mehr. Als Teenager konnten wir uns schon mal einen Eisbecher mit Früchten leisten, welcher 2,10 DDR-Mark kostete und in dem kleinen Gärtchen hinter der Eisdiele verzehrt werden konnte.

Bei leiser Musik aus dem Kassettenrekorder ließen wir es uns dort gutgehen und schmiedeten unsere universellen Tagespläne. Mehrere Autoersatzteilläden folgten, in denen es die wirklich wichtigen Ersatzteile allerdings selten gab. Dann kam auch schon die Ecke zur Pestalozzistraße. An dieser Ecke befand sich der große Süßwarenladen von Olga

Lehmann, später dann ein Reformhaus. Am Beginn der Straße war auch noch ein größerer Spielzeugladen zu finden.

Und schon waren wir an unserer altehrwürdigen Goethe-Oberschule angelangt.

Vielleicht wird nun etwas deutlicher, wie schwierig es mit unserem ständig knappen Taschengeld war, bei diesen zahlreichen Verlockungen eine vernünftige Auswahl zu treffen.

Wahrhaft eine titanische Aufgabe!

Da fällt mir spontan noch eine weitere große Versuchung ein, nämlich die großen Salzstangen von Bäcker Matthies in der Bergstraße. Eine Zeitlang besuchte meine Schwester Medy ebenfalls meine Schule und durfte mir dann auf dem Nachhauseweg immer das begehrte Backwerk kaufen.

Kinobesuch in Piesteritz

Die größten Lücken in unsere kleinen Kassen riss immer der Kinobesuch. Ein besonderer Anziehungspunkt für uns war dabei das Kino „Capitol“in Piesteritz.

Zum Kino selbst gelangte man durch eine Art Tunnel, der bis heute noch existiert. Auf der rechten Seite davon befand sich die Praxis von Dr. Lominski. Schräg gegenüber waren Schaukästen an der Wand befestigt, in denen Filmplakate hingen, die für uns natürlich von großem Interesse waren. Ständig dachten wir darüber nach, wie man ein solches Plakat, vielleicht noch von einem „Westfilm“ und in Farbe, stehlen könnte. Aber die Kästen waren gut gesichert und eine Scheibe einzuschlagen, kam natürlich nicht in Frage. Bei dem Versuch, ein viel primitiveres Plakat von einer Litfaßsäule am Kleinwittenberger Marktplatz abzureißen, brachte ein Kumpel von mir das ganze Bauwerk ins Wanken und zerriss noch zu allem Überfluss das gut angeklebte Plakat in tausend Einzelteile.

Besonders unangenehm war es auch, wenn auf den Filmplakaten als Altersangabe z. B. „P 16“ stand und man selbst gerade vierzehn war. Wenn es gelang, ohne Alterskontrolle an eine Karte und auch noch an der Einlasskontrolle vorbei in das Kino zu gelangen, war die Gefahr trotzdem noch nicht vorüber. Die manchmal nicht so nette Dame vom Einlass kontrollierte nämlich auch noch mithilfe einer Taschenlampe, wenn man schon erleichtert Platz genommen hatte. Barsch verwies die Frau den zu jungen Delinquenten des Kinos und nach einem sehnsüchtigen letzten Blick auf die Leinwand durfte man sich trollen. Wenn das auch noch unter den hämischen Blicken der älteren Mädchen auf den benachbarten

Sitzen geschah, war die Dunkelheit im Kino recht hilfreich, denn so konnte der rote Kopf ganz gut versteckt werden.

Die Sitzreihen waren in verschiedene Ränge aufgeteilt. Je weiter vorn sich der Sitzplatz befand, desto billiger war die Karte. Billig wurden dann aber auch die Sitze, denn diese waren in den ersten Reihen ungepolstert und so konnte unbeschwert das Vergnügen ausgekostet werden, auf einer Art blanken Holzkippbrett der Vorführung beizuwohnen. Erst die sogenannten Sperrsitze weiter hinten waren gut gepolstert.

Die erste „Holzsitzreihe“ wurde auch „Rasierloge“ genannt. Da diese sich relativ nahe an der riesigen Kinoleinwand befand, musste, um etwas sehen zu können, der Kopf sehr weit nach hinten geschwenkt werden. Diese Haltung mit freiliegendem Hals erinnerte tatsächlich an die Sitzposition beim Friseur, wenn dieser zum Rasieren sein Messer schwang.

Trotz allem war der Kinobesuch jedes Mal ein Erlebnis und die Kinoatmosphäre berührt mich bis heute. Wenn der Gong ertönte und die Beleuchtung heruntergedimmt wurde, war es mir egal, auf welchem Sitz ich saß. Die Spannung auf den Film baute sich langsam auf und es sind einfach Gefühle, die kein noch so großer Fernsehapparat im Wohnzimmer vermitteln kann.

Allerdings musste vor dem Hauptfilm erstmal der „Augenzeuge“ konsumiert werden, eine Art DDR-Nachrichtensendung mit bestimmten Schwerpunkten. Dieser „bedeutende“ Filmbeitrag ging zum Glück nicht sehr lange und wurde auch durch „Mini-Kino“ und „Tausend Tele-Tipps“ etwas gemildert. Dies waren Werbesendungen für DDR-Produkte. Ja, das gab es auch!Aber nicht sehr lange. Ich kann mich noch gut an Werbung für „Baden mit

Badusan“, den „Minol-Pirol“ oder „Beliebt überall – Elfe-Lolliball“ erinnern.

Mein größter Wunsch war lange Zeit, eines fernen Tages von der „Rasierloge“ wegzukommen und vielleicht in einer der richtigen Logen sitzen zu können. Diese gab es nämlich in erhöhter Position am Ende des Kinosaales auch. Mein Bruder Harry schaffte diesen gewaltigen Aufstieg und wurde von uns jüngeren gnadenlos dafür bewundert und beneidet. Aber egal, wo man auch saß, stets blieb der Kinobesuch für uns etwas Besonderes und haftete noch lange Zeit im Gedächtnis.

Auch Händchenhalten und Knutschen gelangen im Dunkel des Kinos sehr gut. Das Herz raste, wenn das Händchen der Angebeteten zum ersten Mal auf die eigenen Hand zukroch und sie berührte. Vom Film konnte dann oft recht wenig wiedergegeben werden und auch die Leute in der Reihe dahinter waren manchmal etwas verärgert, weil unsere zusammenklebenden Köpfe ihnen die Sicht versperrten. Aber dieser unangemessenen Verhaltensweisen befleißigten wir uns erst später und oft auch im Wittenberger „Central-Theater“(CT).

An viele der gezeigten Filme kann ich mich noch gut erinnern. Oft waren diese Streifen schon längst aus den westlichen Kinos verschwunden, aber für uns immer noch spektakulär. „Robin Hood und die Piraten“, „Die glorreichen Sieben“, „Meuterei auf der Bounty“, „Das Superhirn“ mit David Niven, „Angst über der Stadt“ mit Belmondo, „Spiele mir das Lied vom Tod“ und zahlreiche „Balduin“- oder „Gendarmen-Filme“ mit dem unvergessenen Louis de Funes sind mir neben anderen Filmen noch immer gegenwärtig.

Auch die vielen Streifen mit der „Olsenbande“ fand ich genial („Mächtig gewaltig, Egon“) und sehe sie bis heute gerne. Auch das in diesen Filmen gezeigte beschauliche und heute längst nicht mehr so vorhandene Dänemark übte seinen Reiz auf mich aus. DDR-Filme wurden von uns, vielleicht ungerechterweise, weniger geliebt. Trotzdem fand ich damals alle Filme mit dem „DEFA-Chefindianer“ Gojko Mitić toll und sah sie von „Söhne der Großen Bärin“ bis „Chingachgook – Die weiße Schlange“ fast alle an. Auch Manfred Krug war oft in Kinofilmen zu sehen. Ich sah von ihm „Hauptmann Florian von der Mühle“ und manches andere.

Aber irgendwann endet jede Vorstellung und noch unter dem Eindruck des gezeigten stehend musste das Kino verlassen werden. Wieder musste der Tunnel, dieses Mal in umgekehrter Richtung, passiert werden und jedes Mal freuten wir uns schon auf den nächsten Kinobesuch. Wenn das Kino sehr voll war, wurden auch schonmal die Seitentüren geöffnet und man fand sich wegen des schnellen Lichtwechsels heftig blinzelnd in der angrenzenden Mühlstraße wieder.

Beim Fotografen

Ein weiteres von uns oft besuchtes Geschäft in Piesteritz war das des Fotografen Schoch. Aus unerfindlichen Gründen glaubten wir, ständig neue Passbilder zu benötigen. Wenn die Prozedur des Fotografierens abgeschlossen war, konnten die Passbilder seinerzeit natürlich noch nicht sofort mitgenommen werden. Das dauerte schon ein paar Tage, in denen ungeduldig immer wieder der Fotoladen aufgesucht wurde. Alle fertigen Passbilder waren in einer gläsernen Auslage des Ladentisches ausgestellt. Und nun geschah etwas, was auch heute oft so sein soll: Man erkannte sich selbst nicht wieder! Ich glaube aber, die Entfremdung auf den damaligen Bildern war noch viel größer als heute.

Jedenfalls wurde nach einem ausgiebigen Blick auf die Vitrine enttäuscht geseufzt: „Schade, wieder nicht dabei." Gerade wollte man den Laden verlassen, als der Meister rief: „Doch, hier!" und auf ein Bild wies, welches so augenscheinlich wenig Ähnlichkeit mit mir hatte, dass ich mich wirklich nicht erkannte. Ich weiß bis heute nicht, ob es an den Fotokünsten des Meisters, seiner Ausleuchtung oder seinen Apparaten lag. Jedenfalls sah man immer leicht verblödet aus oder wirkte aufgrund der merkwürdigen Ausleuchtung aufgedunsen wie eine Wasserleiche. Nun könnte ja eingewendet werden, dass Eindrücke immer subjektiv sind und man wirklich so aussah. Durchaus möglich, aber meinen Freunden ging es genauso, also müssten wir alle unter den gleichen Wahrnehmungsstörungen gelitten haben.

Aber wir amüsierten uns köstlich gegenseitig über unsere Passbilder, die wahrscheinlich besser als Fahndungsfotos gedient hätten. Natürlich wurden diese Fotos auch für amtliche

Dokumente verwendet und so blieben einem diese missglückten Produkte noch lange erhalten.

Privat fotografiert wurde in jener Zeit oft noch mit sehr einfachen Apparaten. Viele Jugendliche bekamen irgendwann eine „Pouva Start“ geschenkt. Das war ein sehr simples Gebilde aus grünlichem Kunststoff und mit einem Rollfilm „NP 20“ versehen. Mit etwas Glück konnten damit zwölf relativ kleine quadratische Fotos, natürlich in schwarz-weiß, geschossen werden. Irgendwie mag ich diese kleinen Bildchen heute noch lieber als die später oft in Unmengen gefertigten Farbfotos.

Zum Entwickeln der Bilder musste der Film zum Fotografen gebracht oder in der Drogerie abgegeben werden. Dann hing es von vielen Zufällen ab, ob tatsächlich auch alle Bilder entwickelt wurden. Nach langem und gespanntem Warten bekam man irgendwann einen Umschlag mit manchmal nur fünf Bildern und den Negativen zurück. Auf Vorhaltungen mit dem Hinweis auf das einwandfreie Negativ und der Frage, warum nicht mehr Bilder entwickelt worden waren, kam dann meistens die Antwort: „Nee, das ging nicht.“

Einige wenige Leute verfügten immerhin schon über eine eigene Fotoausrüstung mit einem besseren Fotoapparat, Belichtungsmesser, Entwicklungsgeräten und sonstigem Zubehör. Das alles war aber sehr teuer und auch schwer zu bekommen. Es war schon viel wert, jemanden mit einer solchen Ausrüstung zu kennen. Der Bedauernswerte wurde dann pausenlos genervt, ob er nicht diverse „Bravo“-Seiten oder sonstige Bilder der von uns geliebten Beat-Gruppen kopieren könnte.

However, jedenfalls hatten wir nun das Ende unseres Schulweges erreicht und vor uns lag unsere geliebte und von manchem auch gehasste „Goethe-Oberschule“.

Schule

Um mit sechs Jahren eingeschult zu werden, musste ich mit meinem Vater eines Abends in der Schule beim damaligen Direktor zu einer Art Vorschultest erscheinen. An vieles kann ich mich in diesem Zusammenhang nicht mehr erinnern.

Ich weiß aber noch sehr gut, wie mir eine Zeitung mit bunten Bildchen vorgelegt wurde, die ich mit meinen Worten beschreiben musste. Auf einer dieser Darstellungen war ein Armeefahrzeug abgebildet und prompt lautete meine äußerst präzise Beschreibung: „Russenauto." Angesichts meiner ideologischen Fehlleistung im Spiegel unserer freundschaftlichen Beziehung mit der damaligen Sowjetunion, runzelte der Direktor bedenklich die Stirn und verbesserte mich. Natürlich hätte es zumindest „Armeeauto" heißen müssen. Da aber die Fahrzeuge mit den Insignien der damaligen Sowjetarmee (CA) damals zum Straßenbild gehörten und auch die Erwachsenen nur von „Russenauto" oder „Russenkolonne" sprachen, hatte ich diese Vokabel natürlich aufgeschnappt.

Die nächste Fehlleistung beging ich, als ein dargestellter Hund von mir als „Wau-Wau" identifiziert wurde. Wieder musste ich Runzeln auf der Stirn des Direktors zur Kenntnis nehmen. Dieses Mal aber aufgrund meines Infantilismus im gesetzten Alter von sechs Jahren.

Ansonsten schienen meine sonstigen Leistungen aber zu genügen und ich konnte gefahrlos eingeschult werden.

Die Pionierzeitung „Frösi", aus der die gezeigten Bilder stammten, las ich später gern. Besonders gut darin gefiel mir die Trickfigur „Atomino" mit der Antenne auf dem Kopf und einer Art Radioaktivitätssymbol auf dem schwarzen Kugelkörper.

Übrigens gab es in diesem Zeitungsgenre auch noch die „Trommel“, die aber ganz gewiss nicht als journalistisches Großereignis betrachtet werden kann.

Ich ging gerne zur Schule und brachte immer ganz gute Noten nach Hause. Wenn ich mit Peter schließlich unsere Schule erreicht hatte, ging unser Blick immer zuerst zu der Turmuhr auf dem Dach der damaligen „Erweiterten Oberschule Lucas Cranach“(LCO). An ihr konnten wir sehen, ob wir pünktlich sind oder auch noch ein bisschen rumbummeln können.

Im Unterricht schienen deren Zeiger allerdings manchmal mit Sekundenkleber fixiert worden zu sein, besonders wenn eine Doppelstunde in Mathe zu absolvieren war. Im Winter tanzten die Schneeflocken munter um den Turm und ich freute mich immer schon auf die (verbotenen) Schneeballschlachten auf dem Schulhof. In dem Tunnel, außerhalb des Schulhofes und zur „LCO“ gehörig, befand sich auch unser Werkraum. Als wir älter wurden und gewissen Lastern erlagen, wurde dieser Tunnel auch gern zum Rauchen und Händchenhalten genutzt. In den Ecken des Schulhofes wurden auch manchmal kleine Geschäfte abgewickelt, in denen es oft um „Bravo“-Poster oder ähnliches ging. Natürlich durfte man sich dabei nicht von der gestrengen Aufsicht erwischen lassen.

Zwischen unserem Schulhof und der „Engels-Schule“ wurde später eine Baracke errichtet, welche der Schulspeisung diente. Dort konnte an jedem Schultag (außer samstags, da war nur höchstens bis Mittag Unterricht) ein Mittagessen verspeist werden. Das Essen für die ganze Woche kostete dabei nur 2,75 Mark und schmeckte mir immer gut. Am liebsten aß ich Fischstäbchen mit Kartoffelbrei oder Tomatensoße mit Spirelli und Jägerschnitzel. Mit weiteren

55 Pfennig geriet man in die glückliche Lage, in der kleinen Pause eine ebenfalls kleine Flasche Milch trinken zu können. Es gab auch Vanille- oder Schokomilch und im Winter war das kleine Fläschchen sogar angewärmt. Dem Milchgenuss konnte in der untersten Etage der Schule in einem Raum zwischen Hausmeisterwohnung und Musikraum gefrönt werden.

Vor der Eingangstür zur Hausmeisterwohnung des gestrengen Herrn Mewis stand immer ein großer alter Schrank mit Glastüren. Darin waren die gern von uns vergessenen oder verlorenen Mützen, Handschuhe und sonstige gefundene Dinge ausgestellt. Es war immer eine Erleichterung, wenn auf diese Weise die edlen Stücke wieder ihren Weg zurück zum Eigentümer fanden. Zu Hause war nämlich so gar keine Begeisterung zu spüren, wenn eine Verlustmeldung abgegeben werden musste.

Als Kinder hatten wir noch tolle Wollhandschuhe, die durch eine Art Kordel miteinander verbunden waren. Sinn des ganzen war es eben, einzelne Handschuhe nicht verlieren zu können. Allerdings musste das ganze Gebilde erst durch die Ärmel des Anoraks gefädelt werden. Erst dann war es möglich, die Handschuhe anzuziehen. Eine umständliche Prozedur und später kam ich mir ziemlich dämlich damit vor. Die Versuchung war also groß, diese Artefakte im Schrank von Herrn Mewis bis in alle Ewigkeit ruhen zu lassen und vielleicht ein Paar „richtige“ Handschuhe zu bekommen.

Die Lehrer und der Unterricht

Wir hatten überwiegend gute Lehrer und ich bin vielen davon noch heute dankbar für das, was sie uns beibrachten.

Meine Liebe zu Sprachen, vor allem der englischen Sprache, wurde eindeutig durch meine damalige Fachlehrerin verstärkt und gefördert. Schon als Kind hatte ich die englischsprachigen Songs verstehen wollen, das war immer schon ein starker Antrieb für mich gewesen.

Oft sahen wir im Englischunterricht die Sendung „English for you“ mit der unvergessenen Diana Loeser. In einer oberen Ecke des Klassenzimmers hing ein Schwarz-Weiß-Fernseher und auf diesem sahen wir jene Sendung, die stets mit den Worten begann: „Hello Youth, this is lesson … of English for you. My name is Diana Loeser.“ Anschließend war Big Ben zu sehen und ich wünschte mich wie verrückt nach London oder Liverpool. Dahin gelangte ich damals leider noch nicht, wurde aber immerhin von Tom Young und Peggy Miller getröstet, die auf der Mattscheibe zu sehen waren.

Ein sehr guter Vertreter seines Faches war auch unser Chemielehrer. Generationen von Schülern kannten dieses Original. Er war ziemlich groß gewachsen, schon etwas älter und trug eine Art Militärhaarschnitt. Auch ein kurzer Schnauzbart und Brille fehlten nicht. Unter dem weißen Kittel des Chemielehrers trug er meist ein kurzärmliges, weißes Hemd. Die mit Trägern versehenen Hosen verdeckten ein Holzbein, auf dessen Vorhandensein wahrscheinlich auch der etwas despektierliche Spruch zurückzuführen ist: „Überall, wo es knallt und stinkt, kommt A. sogleich angehinkt.“ Fachlich und pädagogisch überaus fähig, hatte er auch so manche Eigenarten. Er sprach ziemlich laut und mit einem für mich nicht näher bestimmbaren Idiom. Wenn wir in dem neben dem Chemieraum gelegenen Laboratorium mit Bunsenbrennern und Erlenmeyerkolben hantierten und die Ergebnisse der Experimente nicht ganz so wichtig erschienen wie das Verfahren selbst, war oft von ihm zu hören: „Dann warten wir, bis es blubbert, und dann erhalten wir ach was weiß ich, wie viel Gramm von diesem Stoff da."

Ich sehe mich heute noch in dem alten Chemieraum sitzen und seinen Ausführungen lauschen. Es sei denn, mein Kumpel Peter unterhielt mich mit einer seiner gekonnten Imitationen. Von den an den Seiten aufgehängten Bildern schauten die Größen der chemischen Wissenschaft streng auf mich herab. Direkt neben mir hing das Bildnis Mendelejews, des Entdeckers des Periodensystems der Elemente. Manchmal kam es mir so vor, als ob dieser still und streng fragte, ob ich sein auf einer weiter vorn im Raum hängenden Schautafel abgebildetes Periodensystem der Elemente überhaupt begreife.

Unser Chemielehrer konnte aber auch sehr wütend werden. Wenn ein erkennbar fauler Schüler hilflos vor der Tafel stand, weil er nicht gelernt hatte, dann war die Geduld des Lehrers auch schnell zu Ende. Mit kräftiger und erhobener Stimme forderte er zum Aufzeigen des richtigen Lösungsweges auf: „Nun zeigen Sie schon mit Ihrem Stinkefinger!" Wer wollte, konnte viel bei diesem Mann lernen und manchem hat er den Weg und die Anlage zum chemischen Denken beigebracht.

Vertreten wurde dieser Lehrer nur sehr selten und wenn, dann von einer ebenso fähigen und strengen Frau. Ich kann mich noch gut erinnern, wie diese Lehrerin auf einer Ecke der ersten Schulbank kurz Platz nahm. Dort saß ich und sie blickte mir beim Reden direkt in die Augen.

Ich war wie hypnotisiert und konnte meinen Blick nicht abwenden, obwohl in dieser Sitzposition ihr Rock ein Stück höher rutschte. Äußerst verlockend war ein Stück ihres wohlgeformten Beins zu sehen. Ich wusste nicht, wohin mit meinem Blick, der wie gefesselt an ihr hing. Wahrscheinlich wollte sie mich einfach mal verlegen machen. Na ja, das war ihr auch gründlich gelungen. Nächtelang träumte ich von diesen magischen Sekunden, träumte den verbotenen Traum. Tagsüber hörte ich in Endlosschleife „Baby, I'd love you to want me“ von „Lobo“, eine Geschichte, die davon handelt, wie Lehrerin und Schüler sich lieben würden, wenn sie dürften. „When I kissed the teacher“ von ABBA stand in diesen Tagen auch ganz oben in meiner Hitliste.

Natürlich verehrte ich diese Lehrerin noch mehr als sonst, aber bald kam ja „A.“ wieder angehinkt.

Unser Lehrer für Sport und Biologie war ein sehr gestrenger Herr. Bei ihm traute sich niemand, aus der Reihe zu tanzen. Sehr männlich wirkend, war er auch zu beißender Ironie fähig. Eine Schülerin, die er augenscheinlich nicht mochte, fragte er dann auch, ob sie vor dem Pflücken unter jedem Pilz erst ein Loch graben wolle, um darunter zu sehen. Die Bedauernswerte hatte erklärt, dass die Essbarkeit eines Pilzes ausschließlich durch Sicht auf dessen Unterseite zu beurteilen sei. Seine Methoden waren überhaupt etwas unorthodox. So war es auch gerade bei ihm überhaupt nicht ratsam, etwa die Sportsachen zu vergessen. So mancher vermisste Turnbeutel landete auch nach gewisser Zeit im Fundschrank des Herrn Mewis. Falls nun der Delinquent, bzw. Schüler, zum Turnunterricht ohne Turnsachen erschien, kannte dieser Lehrer keine Gnade. Der betroffene Schüler musste in seiner Normalkleidung mitturnen. Von den Jungs wurden damals bis zu einem gewissen Alter noch lange, weiße Unterhosen getragen bzw. mussten von zu Hause aus getragen werden, damit man sich auch ja nicht erkältete. Es war für den Betreffenden äußerst peinlich, wenn dann vor den oft mehreren Klassen in der Turnhalle, vor allen Dingen vor den Mädchen, ausgerechnet Stangenklettern oder Reckübungen ausgeführt werden mussten. Bei manchen der allgemeinen Körperhygiene nicht allzu verpflichtet Erscheinenden war obendrein der Schritt der ursprünglich weißen Unterhose etwas gelblich verfärbt. Das Hinterteil wiederum konnte schon mal mit gewissen hellbraunen Farbtönungen versehen sein. Zum Gaudium der Anwesenden und zum Schrecken des „Unterhosen-Turners" wurden dann alle Übungen gnadenlos durchgezogen. Pädagogisch gesehen kann diese Erziehungsmaßnahme sicherlich als zweifelhaft gelten, aber die Sportsachen wurden nie wieder vergessen.

Das Fach Musik unterrichtete eine sehr feine Dame, welche von der Ästhetik ihres Faches geradezu durchdrungen schien. Ich sehe sie noch heute an ihrem Flügel im Musikraum sitzen und äußerst gefühlvoll Klaviersonaten vortragen. Einige der nicht ganz so empfindsamen Schüler warfen prompt Pfennigmünzen nach vorn. Die Musikästhetin kam sich nun vor wie die letzte Straßenmusikantin und reagierte meist mit einem Zornesausbruch auf dieses Sakrileg.

Oftmals musste auch vorgesungen werden. Dies konnte durchaus zu einer peinlichen Nummer geraten, vor allen Dingen, wenn der Text nicht beherrscht wurde und die Klavierbegleitung der Lehrerin fast nur allein zu vernehmen war. Im Bestreben, vielleicht doch noch etwas beizutragen, kamen dann seltsame und vor allen Dinge falsche Töne aus dem Schülermund. Diese humorvollen Darbietungen hatten zweifellos einen hohen Unterhaltungswert für die Klasse, aber nicht für diejenigen, die schwitzend und mit rotem Kopf vor dem Flügel standen.

Ein Mitschüler von mir hatte schon mehrere „Ehrenrunden“ in der Schule gedreht, wie die schöne Umschreibung für Sitzenbleiben hieß. Als er in unsere Klasse kam, war er schon fast ein erwachsener Mann und mit einer entsprechenden Stimme versehen. Fast quadratisch gebaut, trug er ein etwas zu enges Sakko und vermittelte den Eindruck, den Flügel unserer Lehrerin allein wegtragen zu können. Seine Hosen hatte wahrscheinlich ursprünglich sein Vater getragen. Dieser wiederum musste über längere Beine verfügt haben, denn es sah so aus, als wäre einfach ein Stück der Hosenbeine abgeschnitten worden. Da die Hosenbeine nun oben und unten den gleichen Durchmesser aufwiesen, machte dieses avantgardistische Beinkleid einen etwas seltsamen Eindruck. Ausgerechnet dieser Schüler sollte das nun mit relativ hoher Stimme zu singende „Ännchen von Tharau“ vortragen. Außer einigen tiefen Grunzlauten war nichts von ihm zu vernehmen, nur die Begleitmusik plätscherte hilflos vor sich hin. Es war zwar gemein, aber es schien uns doch gar lustig Kurzweil zu sein und wir amüsierten uns prächtig über den Ärmsten. Das rächte sich aber bitter, denn der mit unheimlichen Kräften versehene Schrank von Mitschüler merkte sich diejenigen, welche am lautesten lachten. Auf dem Schulhof umschloss er dann mit seinen zangenartigen Schraubstockarmen unsere dürren Körper und drückte so lange zu, bis einem die Augen aus den Höhlen traten. Schlagen und Kneifen dieser Presswerkzeuge zeigten keinerlei Wirkung, sondern verstärkten nur noch den Druck. Da half nur noch Betteln und flehen, doch endlich loszulassen. Trotz dieser gar schrecklichen Tortur wartete man aber doch schon gespannt auf seine nächste Gesangsdarbietung. Wahrscheinlich war noch nicht alle Boshaftigkeit aus uns herausgepresst worden. Neben diesen kleinen Begleiterscheinungen mochte ich aber auch den Musikunterricht ganz gern. Ich hätte mir nur gewünscht, etwas mehr zeitgenössische Musik zu hören, und vielleicht sogar singen zu dürfen.

Statt der unendlich vielen Kampf- und Arbeiterlieder wäre mir natürlich Beatmusik oder auch ein Schlager hochwillkommen gewesen. Aber dies war natürlich angesichts der herrschenden Ideologie ein verbotener Wunsch. Wir mussten ja „nicht jeden Dreck aus dem Westen kopieren und mit der Monotonie dieses ewigen Yeah, Yeah, Yeah oder wie das nun heißt endlich schlussmachen“. So äußerte sich der Genosse Ulbricht, einer unserer damaligen Staats- und Parteichefs. So war es dann natürlich auch im Musikunterricht Gesetz. Also, dann doch lieber „Spaniens Himmel“ und die „Internationale“ statt „She loves you“. Ansonsten lernten wir im Musikunterricht vieles kennen, vom Notenschreiben bis hin zu den Größen der klassischen Musik und deren Werken. Auch der Jazz und George Gershwin kamen durchaus vor.

Ein sehr guter Lehrer für Deutsch/Literatur war Herr M. Zeitweise versah er auch die Funktion unseres Klassenlehrers. Er war noch relativ jung und ein echter Literaturliebhaber. Auch ihm verdanke ich manche Anregung auf diesem Gebiet. Das Verhältnis zu ihm konnte durchaus als kameradschaftlich gelten, obwohl seine Stellung als Lehrer nie in Frage gestellt wurde.

Zeichenunterricht hatten wir bei der sehr attraktiven Frau W. Ein großer Zeichner war ich nicht, aber ich mochte das Fach. Ob Aquarell-Zeichnen, Bleistiftskizzen, Linolschnitte, Tuschezeichnungen mit der Feder, Selbstbildnisse des Gesichtes oder der Hand und vieles mehr, das machte mir einfach Spaß.

Besonders gern hatte ich die Ausflüge in die nähere Umgebung, um mit Skizzenblock und Bleistift bewaffne, die Natur zu zeichnen. Ich kann mich noch gut an so eine Exkursion zum Piesteritzer Bunkerberg erinnern. Es war ein strahlend schöner Vormittag im Frühling, als wir unser Ziel nach kurzem Fußmarsch von der Schule aus erreichten. Die Natur am Bunkerberg zeigte sich in prächtigen Farben und der Wind säuselte sanft in den Baumwipfeln. Wir fertigten eifrig Skizzen und waren froh, nicht im Klassenzimmer sitzen zu müssen. Mein Schulfreund Peter und ich lachten wie immer viel und trieben unsere Scherze. Ein richtiger, sonniger Wohlfühltag mitten in den Siebzigern! Dieser Tag steht mir bis heute irgendwie im Gedächtnis, als wäre er gestern gewesen.

Unbedingt erwähnen möchte ich auch noch unsere erste Klassenlehrerin, Frau P. Obwohl sie uns nur eine relativ kurze Zeit unterrichtete, war ihre Persönlichkeit uns Schülern doch schnell ans Herz gewachsen und wir vermissten sie sehr. Ich denke, es ist von immenser Wichtigkeit, mit welchen Lehrern es der Schüler gerade am Beginn der Schullaufbahn zu tun bekommt. Lust oder Unlust in der Schule und beim Lernen können davon in hohem Maße beeinflusst werden.

Frau P. erfüllte ihre Aufgabe in vorbildlicher und liebenswerter Weise. Dafür danke ich ihr an dieser Stelle ganz herzlich und grüße sie, falls ihr dieses Buch unter ihre klugen Augen kommt.

Noch viel mehr Lehrer wären einer Erwähnung wert gewesen, aber ich musste mich auf eine kleine Auswahl beschränken.

Wir mochten als Schüler den einen mehr und den anderen weniger, aber Achtung hatten wir vor allen. Die Sitten waren noch nicht verkommen und ich achte heute noch alle meine ehemaligen Lehrerinnen und Lehrer.

Um an bestimmten Unterrichtsfächern teilnehmen zu können, musste das Schulgebäude verlassen werden. So gab es in den höheren Klassenstufen den „Unterricht in der Produktion“, kurz „UTP“ genannt. Ein geistig ungemein hochstehender Mitschüler stellte mir einmal die rhetorische Frage: „Was heißt eigentlich UTP?“ und gab gleich selbst die Antwort: „Ulbricht tut popeln!“ Darauf schüttete er sich über seinen sehr originellen Witz aus vor Lachen. Das tat ich auch, aber mehr wegen seiner grammatikalischen Spitzenleistung. Ansonsten sollte diese Unterrichtsform dazu dienen, uns Schüler mit den Abläufen in einem Betrieb vertraut zu machen. Auch sollten gewisse handwerkliche Fähigkeiten vermittelt werden, welche bei der späteren Berufswahl von Nutzen sein konnten.

Unser UTP-Unterricht fand in verschieden Abteilungen des damaligen Stickstoffwerkes Piesteritz statt. Das war zu jener Zeit ein großes Werk mir tausenden Beschäftigten und unzähligen Abteilungen. Anfangs mussten wir noch in der Lehrwerkstatt bei Herrn Kahl mit der Laubsäge Buchstaben und Zahlen aus O-Glas (organisches Glas) für Auto-Nummernschilder zurechtsägen. Später folgten verschiedene kleinere Metallarbeiten. Unser Einsatz erfolgte auch in der O-Glas-Anlage, in Piatherm, in der Elektrowerkstatt und einigen anderen Bereichen. Das Ganze war mal mehr interessant und mal weniger. Vor allen Dingen aber bot der Weg von der Schule zum Werk die willkommene Gelegenheit, so manchen kleinen Unsinn zu veranstalten.

Die theoretischen Grundlagen wurden in dem eher langweiligen Fach „ESP“(„Einführung in die sozialistische Produktion“) gelegt. Dieser Unterricht fand wurde von einer ebenso langweiligen Lehrerin vermittelt.

Sportunterricht im Freien der Sommermonate im Volkspark statt, wo wir unsere Runden auf der Aschebahn drehten oder auch Weitsprung und andere Übungen durchführen mussten.

Für Schwimmübungen wurde das ebenfalls im Volkspark gelegene Schwimmbad genutzt. Der Weg von der Schule zum Volkspark bot natürlich die willkommene Gelegenheit, kurz bei „Eis-Naumann“ in der Pestalozzi-Straße haltzumachen.

In den ersten Schuljahren wurden wir auch noch im Fach „Schulgarten“ unterrichtet. Unser Schulgarten befand sich an jener Stelle, an der sich heute die Schwimmhalle erhebt. Hier erlebte ich auch den einzigen Lehrer, der schon mal einen Schüler mit einer drehenden Bewegung in die Wange kniff, wenn er in Zorn geriet. Er war aber die absolute Ausnahme.

Unser Direktor war über viele Jahre ein sehr gestrenger Herr mit Charakterkopf. Dieser hochgewachsene Mann war schon rein äußerlich eine durchaus strenge Erscheinung, vor der jeder Schüler gehörigen Respekt hatte. Unterstrichen wurde dieser Eindruck noch durch die von ihm oft getragenen Stiefel samt der dazugehörigen Stiefelhosen. Eine Art Reitjacke bot die passende Ergänzung. Ich dachte manchmal, dass nur noch die Reitpeitsche fehlte, aber die hatte er gar nicht nötig. Ich sehe ihn heute noch vor meinem geistigen Auge auf dem Balkon über dem Eingangsbereich unserer Goethe-Schule stehen und zu den damals noch hunderten Schülern sprechen, die zum obligatorischen Appell klassenweise auf dem Schulhof angetreten waren. Seine laute

Stimme trug weit und bedurfte eigentlich gar keiner Verstärkung. Trotzdem wurden Mikrofon samt Verstärker benutzt und ein Schüler der oberen Klassen betätigte die Reglerknöpfe. Dieser etwas dickliche Junge war meist in eine Art blaue Plane, genannt „FDJ-Anorak“, gehüllt und hielt sich unauffällig im Hintergrund. Nur an den Lichtreflexen, die seine mit unheimlich dicken Brillengläsern (auch als „Flaschenböden“ bezeichnet) versehene Brille im Sonnenlicht erzeugte, war seine Anwesenheit zu erkennen. Von uns wurde er immer nur „Fritz, der Tontechniker“ genannt. Wenn der Direktor einen Klassenraum betrat, sprangen die Schüler sofort auf, was von diesem meist mit einer beschwichtigenden Geste und den Worten „Sitzenbleiben, Sitzenbleiben“ quittiert wurde. Diese Geste des Respektes wurde von den meisten Schülern damals noch als selbstverständlich betrachtet.

Jede Klasse hatte zu jener Zeit auch noch eine Patenbrigade. Da das Stickstoffwerk Piesteritz damals noch der größte Betrieb in Wittenberg war, lag es nahe, dass auch unsere Patenbrigade dort beheimatet war. Auf diese Weise war die E-Schweißerbrigade Sehmisch aus der Hauptwerkstatt des Südwerkes über viele Jahre mit unserer Klasse verbunden. Einer der Gründe dieser Patenschaften war es sicherlich auch, eine Verbindung der Betriebe mit eventuell zukünftigen Nachwuchskräften herzustellen und zu halten. Natürlich gab es auch politische Gründe, denn es sollte ja im Sinne der herrschenden Ideologie durch den Kontakt zwischen den arbeitenden Schichten der Bevölkerung und der Jugend sozusagen ein Band geschmiedet werden. Solche Erwägungen stellten wir damals natürlich noch nicht an, sondern freuten uns zumeist über die Tätigkeit der Patenbrigade. Bei jeder Zeugnisvergabe und auch bei sonstigen wichtigen Anlässen war ein Vertreter anwesend und überreichte kleine Geschenke, darunter oft auch Bücher. Auch manche Klassenfahrt oder Exkursion wurde von der Brigade organisiert. Auf einer dieser Fahrten in den unteren Klassen sollten und wollten wir uns mit Sackhüpfen und Eierlauf vergnügen.

Da fing eine meiner Mitschülerinnen bitterlich an zu weinen und meinte auf mehrmaliges Nachfragen: „Eierlauf esse ich nicht!“ Das sorgte für zusätzlichen Spaß und ich behalte unsere Patenbrigade in guter Erinnerung.

Die Angebote für außerschulische Aktivitäten waren sehr vielfältig. Ich kann mich noch gut an die Tafel im Eingangsbereich der Schule (dem sogenannten Windfang) erinnern. Dort waren sämtliche Arbeitsgemeinschaften (AGs) verzeichnet, denen ein Schüler beitreten konnte. Fast alle Gebiete des Sports waren aufgeführt, aber auch die Arbeitsgemeinschaften „Junge Funker“, „Junge Sanitäter“ und mehr. Die Mitgliedschaft kostete nicht viel oder gar nichts. Diesen ganzen positiven Aspekten des Schullebens standen aber auch gewisse negative Erscheinungen gegenüber. Damit meine ich die mehr oder minder starke politische Indoktrination. Mit Schulbeginn wurden alle Schüler fast ausnahmslos in die Pionierorganisation aufgenommen. Eine Weigerung der Schüler oder der Eltern war dabei gar nicht gern gesehen und ich selbst habe eine solche auch nicht erlebt. Mit der gleichen Selbstverständlichkeit wurde man dann noch „Thälmann-Pionier“ und später Mitglied der Jugendorganisation „FDJ“(„Freie Deutsche Jugend“). Als Kind war oft noch ein gewisser Stolz vorhanden, das blaue Halstuch der „Jungpioniere“ oder später das rote Tuch der „Thälmann-Pioniere“ tragen zu dürfen. Das änderte sich allerdings schon mit dem Tragen des FDJ-Hemdes. Als Kind konnte ich noch nichts Schlechtes daran finden, zum Pioniernachmittag zu gehen, mit „Seid bereit, immer bereit“ zu grüßen und „Kleine, weiße Friedenstaube“ zu singen. Für den Frieden sollten doch schließlich alle sein. Alten Leuten helfen oder Flaschen und Altpapier sammeln, um den Erlös für um ihre Freiheit kämpfende Menschen in der Welt zu spenden, konnte doch auch nicht verkehrt sein. So spendeten wir vieles für das Volk von Vietnam oder Angela Davies, eine amerikanische Freiheitskämpferin.

Als wir aber älter wurden und uns als Mitglied der „FDJ“ schon „Jugendfreund“ nannten, waren manche der Schüler, vielleicht auch durch den ohnehin erwachenden Widerspruchsgeist der Teenagerjahre, nicht mehr ganz so kritiklos. Viele merkten recht bald auch, dass wir ein Stück weit auch benutzt werden sollten. Offen aufzubegehren wagte ohnehin niemand, die meisten nahmen dieses „Beiwerk“ als Begleiterscheinung hin.

Die Lehrerschaft war natürlich gezwungen, die herrschende politische Linie einzuhalten. Schüler können aber durchaus ein feines Gespür dafür entwickeln, welche Lehrkraft auf dem Gebiet des Politischen nur das gerade so von ihr erwartete tut oder noch über das Ziel hinausschießt. Es gab eben hier wie heute auch solche und solche, Lehrer sind schließlich auch nur Menschen. Es war auch nicht ratsam, in „Levi‘s“-Jeans (Wenn man welche hatte!) zur Prüfung zu erscheinen oder einen Plastik-Beutel mit westlicher Werbung z. B. für „Jacobs-Kaffee“ in der Schule zu benutzen. So ein gefährliches Teil musste auf der Stelle verschwinden oder die Außenseite mit der subversiven Werbung nach innen gewendet werden.

Ich sah im entsprechenden Alter durchaus die Nachteile der westlichen Gesellschaft, war auch zu Hause antifaschistisch erzogen worden und doch reizten mich die ständig ohne innere Überzeugung vorgetragenen, gestanzten politischen Parolen des Öfteren. So konnte es schon vorkommen, dass ich mich „vermaulte“ und prompt landete auf meinem Zeugnis der Satz: „Hans-Jürgen sollte seine Einstellung zu unserer sozialistischen Gesellschaftsordnung unbedingt überprüfen und verbessern“. Auf einem Zeugnis, mit dem ich mich bewerben musste, war dieser Satz natürlich alles andere als hilfreich. Zum Glück waren meine Zensuren aber gut bis sehr gut. Wahrscheinlich hatte der „Klassenfeind“ mit seiner politisch-ideologischen Indoktrination, die „Stacheldrahtsender“ des Westens und die Beatles mit ihrem ewigen „Yeah, Yeah, Yeah“ schon ernsthaften Schaden in meinem Kopf angerichtet.

Ein fast rein politisches Fach war „Staatsbürgerkunde“. Zum Glück wurde unsere Klasse vom unsagbaren Fach „Wehrkundeunterricht“ verschont. Dieses Fach wurde erst im Jahr nach unserem Schulabgang eingeführt und steht in unseliger Fortsetzung der Richtung des „Staatsbürgerkunde“-Unterrichts, von uns kurz „Stabi“ genannt.

In eine ähnliche Kategorie fällt auch der obligatorische Aufenthalt der höheren Klassen im sogenannten „Hans-Beimler-Lager“ bei Bad Schmiedeberg. Diese Tage dort sollten der vormilitärischen Ausbildung dienen, wurden von uns aber auch für allerlei Klamauk genutzt.

Ohne diese eher unangenehmen politischen Begleiterscheinungen war das Bildungssystem der DDR aus meiner Sicht gut. Ich hatte oft die Gelegenheit mit Schülern von heute über deren Unterricht zu sprechen und auch die Schulunterlagen einzusehen.

Dadurch war es mir möglich, das in unterschiedlichen Schulformen und in unterschiedlichen Klassenstufen vermittelte Wissen zu vergleichen. Immer wieder konnte ich dabei feststellen, dass wir Schüler aus der DDR uns durchaus nicht zu verstecken brauchen. Das gilt gerade auch für die naturwissenschaftlichen Fächer.

Viele Vorteile bot ganz sicher auch das einheitliche Schulsystem der DDR. Auch verwundert mich im heutigen Schulsystem die scheinbar fehlende Systematik in vielen Fächern. Beispielsweise bestand der Englischunterricht in der DDR aus vielen Lektionen (Lessons) und am Ende jeder einzelnen davon waren die wichtigsten Neuheiten zusammengefasst. Diese Systematik erleichterte mir seinerzeit das Lernen sehr und ich profitiere bis heute davon. Heutige Schüler zeigten mir wunderbar bunte Englisch-Lehrbücher mit durchaus interessanten Geschichten, z. B. die des Robin Hood. Diese erschien mir aber zu Beginn des Englisch-Lernens weniger geeignet zu sein. Davon abgesehen musste das Lehrbuch manchmal auch von der Mitte her begonnen werden statt vom Anfang. Dieses Verfahren macht es sicherlich auch Eltern beim Üben schwerer, da für sie der vermittelte Unterrichtsstoff mühsamer nachvollziehbar ist. Ich habe mich auch oft über die unmöglichen Formate dieser Lehrbücher aufgeregt, die in keinerlei Standardumschlag passten. Wir Schüler aus der DDR schlugen unsere Schulbücher oft noch säuberlich in Packpapier ein und klebten auf die Vorderseite ein zu beschriftendes Schildchen. Diese Schildchen gab es übrigens auch bei „Buch-Krüger“. Später hatten wir auch Schutzumschläge aus Kunststoff, die in den Ferien geschrubbt wurden und zum Trocknen bunt aufgereiht auf der Wäscheleine hingen. Ja, die Wegwerfmentalität kam erst später!

Und wenn ich schon beim „Heute“ bin, muss ich unbedingt noch eine heutige Erscheinung in den Schulen ansprechen, die ich von Beginn an furchtbar fand und immer noch finde. Damit meine ich Mobbing in sämtlicher Form, auch das Mobbing wegen des sozialen Status der Eltern. Zu unserer Schulzeit spielte die soziale Herkunft der Eltern keine große Rolle. Es konnte sogar gewisse Vorteile haben, wenn jemand aus einem proletarischen, das heißt, aus einem Arbeiterhaushalt kam. Wir waren ja schließlich nach offizieller Lesart ein Staat der Arbeiter und Bauern.

Nun könnte eingewendet werden, dass alle Eltern nichts oder nur das gleiche gehabt hätten, nur stimmt es natürlich nicht. Es gab durchaus Einkommensunterschiede, wenn auch noch nicht solche astronomischen wie heute. Diese Tatsache schlug sich seinerzeit aber noch nicht in der Kleidung oder im Verhalten der Schüler nieder. Natürlich beneideten wir die Besitzer eines „Geha“- oder „Pelikan“-Füllers, aber diese gaben nicht ständig damit an oder hielten sich für etwas Besseres. Auch wäre so ein Verhalten bei der Lehrerschaft gar nicht gut angekommen. Wir wurden zur Gemeinsamkeit, zum „Wir“, erzogen, noch nicht zum „Ich“, genannt „Individualismus“. Das bedeutete nicht zwangsläufig Gleichmacherei. Vorhandene Begabungen und Fähigkeiten wurden durchaus anerkannt und gefördert.

Die Gefahr, Vergangenes schönzureden oder schönzuschreiben, ist allzu menschlich und daher permanent und nicht zu unterschätzen. Dessen bin ich mir trotz meines Bemühens um Objektivität stets bewusst. Auch zu unserer Zeit war nicht alles golden, was glänzt, wie es so schön heißt.

Wie bereits beschrieben, gehörte das ganze Kapitel der politischen Einflussnahme, zumindest aus meiner Sicht, zu den weniger schönen Kapiteln der Vergangenheit im Schulalltag der DDR.

Wir hatten Lieblingslehrer, aber auch solche, die wir weniger mochten. Ich denke, auch heute ist das so. Unter den Schülern war es ähnlich, es gab Sympathie und Antipathie. Es gab auch mal eine Prügelei auf dem Schulhof, aber selbst da war Schluss, wenn der Besiegte unten lag. Da wurde nicht noch nachgetreten oder gar der aufsichtsführende Lehrer angegriffen. Die Kräfte wurden dann eher lieber beim „Mauerkampf" gemessen. Das hört sich martialisch an, war aber ein eher harmloses Vergnügen. Die Kontrahenten standen dabei auf einem niedrigen Mauerrest, vorzugsweise an der Grenze zum Schulhof der „Engels-Schule", packten sich an einer Hand und versuchten sich so, heftig balancierend, gegenseitig vom Mauerrest zu werfen.

Ich empfand über all die Jahre die Schulatmosphäre als sehr angenehm. Unter meinen Klassenkameradinnen und Klassenkameraden war kein ausgesprochen unangenehmer Mensch, kein Brutalo oder vollkommener Idiot. Ich denke noch heute gern an alle und würde sofort wieder meinen Ranzen packen. Ich ging, wie bereits erwähnt, auch sehr gern zur Schule.

Sehr zu dieser Tatsache trug auch mein Schulfreund Peter bei. Den gemeinsamen Schulweg habe ich schon beschrieben. Über viele Jahre, im Sommer wie im Winter, gingen wir unseren Weg gemeinsam. Wir teilten die vielen kleinen Sorgen und Freuden der Kinder- und Teenagerzeit. Ich sehe uns heute noch, bereits im Schulgebäude, vom Raum 24 zum Filmraum gehen und heftig lachen. Peter konnte auch hervorragend Leute imitieren. Ich kann mich noch gut an eine Unterstufenlehrerin erinnern, die oft Vertretung in unserer Klasse übernahm. Der Unterricht bei dieser Dame begann mit der immer gleichen Ankündigung: „Jetzt schreiben wir erstmal ein Übungsdiktat!“ Bei diesen Worten riss sie in charakteristischer Weise sehr weit den Mund auf. Die etwas zu großen Zähne des Oberkiefers kamen dabei voll zur Geltung.

Peter, der neben mir saß, imitierte diese Szene so gekonnt, dass ich mich vor Lachen nicht mehr halten konnte und fast aus der Bank fiel. Manchmal nahm er auch, scheinbar aus dem Nichts, den Ärmel seiner über den Stuhl hängenden Jacke als Mikrofonersatz und imitierte irgendeinen Song. Dabei überbetonte er die Stimme oder den Akzent der Sängerin oder des Sängers so sehr, dass ich mich wieder nicht halten konnte. Diese ganzen köstlichen Späße brachten uns regelmäßig einen Eintrag in unser Hausaufgabenheft ein, den unsere Eltern unterschreiben mussten. Dort stand dann meist: „Einer macht Späße und der andere amüsiert sich darüber köstlich. Beide stören dadurch den Unterricht!“ Diese Späße waren aber jeden Eintrag wert. Auch über seine so trefflich formulierten sarkastischen Bemerkungen lachte ich so oft und behalte unsere gemeinsame Zeit in bester Erinnerung.

Und dann gab es auch noch „Smoky“, mit dem ich oft in der Pause illegalerweise das Schulgelände verließ. Der Quarkkuchen bei Bäcker Sell in Piesteritz hatte es uns einfach angetan. Manchmal rauchten wir auch heimlich und trieben allerlei Unfug. Die Gruppe „Sweet“ mochte er genauso sehr wie ich und besonders auch den Titel „The Six Teens“. Einer überstrengen Lehrerin antwortete er auf deren Vorhaltungen: „Es gibt gleich was auf die Badehose!“ Mich beeindruckte diese Ankündigung ungemein, aber der Lehrerin blieb in Anbetracht dieser Unverschämtheit der Mund offenstehen. Aber das war eben „Smoky“!

Es gäbe noch so viel zur Schulzeit zu schreiben.

Auch wenn vielleicht das Staatsziel, uns zu „allseitig gebildeten, sozialistischen Persönlichkeiten“ zu erziehen, nicht so ganz geglückt war, so prägte und formte die Schulzeit unsere Persönlichkeiten in entscheidendem Ausmaß mit.

Die Erinnerungen und Erfahrungen dieser Zeit haben wir gemeinsam. Entscheidende zehn Jahre unseres Lebens verbrachten wir in der Schule zusammen. Das wird uns für immer verbinden!

Schulende

An einem der letzten regulären Schultage vor den Prüfungen versah ich noch einmal den Aufsichtsdienst im Schulgebäude. Die Aufgabe dabei bestand hauptsächlich darin, jeden Schüler, der sich in der großen Pause ohne Grund im Gebäude aufhielt, auf den Schulhof zurückzuschicken.

Die Sonne fiel durch die großen Fenster im Treppenhaus herein. Ich blickte nach draußen auf den Schulhof und sah die Wipfel der alten Bäume sanft im Sommerwind sich wiegen. Wie immer herrschte viel Trubel auf dem alten Hof und meine Gedanken schweiften weit zurück. Ich sah mich als Steppke dort mit Mütze im Winter mit meinen Mitschülern umhertollen und mit Schnee bewerfen. Vor meinem geistigen Auge tauchten die Mädchen auf, die im Sommer Gummihopse spielten. Dies natürlich nicht mehr im "gesetzteren" Alter. Da gingen oft schon Zettelchen hin und her und auch westliche Beat-Musik begann eine Rolle zu spielen. Ich sah mich mit Peter unsere Runden drehen und unsere Gedanken und kleinen Sorgen austauschen.

Wie im Zeitraffer lief ein Film mit vielen, kleinen Episoden in meinem Kopf ab. Mit den meisten meiner Mitschülerinnen und Mitschüler hatte ich fast zehn Jahre Freud und Leid der Schulzeit geteilt. Diese für uns alle wichtige Lebensphase sollte nun zu Ende sein und etwas Neues beginnen. Die meisten würde ich wenig oder gar nicht mehr sehen, dabei hatten doch alle irgendwie zu meinem bisherigen Leben, zu meinem Alltag gehört.

Ich weiß, dass viele sich auf die neue Etappe ihres Lebens freuten, aber mich befiel doch eine gewisse Wehmut. Am liebsten hätte ich mich im Schulgebäude festgekettet, ich wäre so gern in der Schule geblieben. Sie hatte mir so viel gegeben und ich lernte gern! So ritzte ich aber verbotenerweise wenigstens mithilfe eines Schlüssels meine Initialen in das breite, lindgrün gestrichene Treppengeländer. Wenigstens etwas von mir sollte in der Schule bleiben!

Piesteritz um 1970.Wieder ein Teil des Schulweges.Links ist die Schneiderei Wentzel im Bild.Später folgen "Fahrrad-Roßbach"und die Buchhandung Krüger.Hier verlief ungefähr die Grenze zwischen Kleinwittenberg und Piesteritz.

Piesteritz um 1964

Coswiger Landstraße in Piesteritz in älterer Zeit mit Piesteritzer Post,Sparkasse und "Hut-Schaller".
Zu meiner Zeit sah alles fast noch genauso aus,nur ganz so alte Autos fuhren nicht mehr.

Das Geschäftshaus Rudloff im Jahr 1972
Hier blieben wir auf unserem Schulweg oft stehen.Links daneben folgte eine von uns gern besuchte Eisdiele.

Das Geschäftshaus Rudloff im Jahr 1935

"Lebensmittelgeschäft Scharfe"-Einer der von mir beschriebenen typischen Lebensmittelläden auf unserem Weg.Klein und einfach liebenswert!

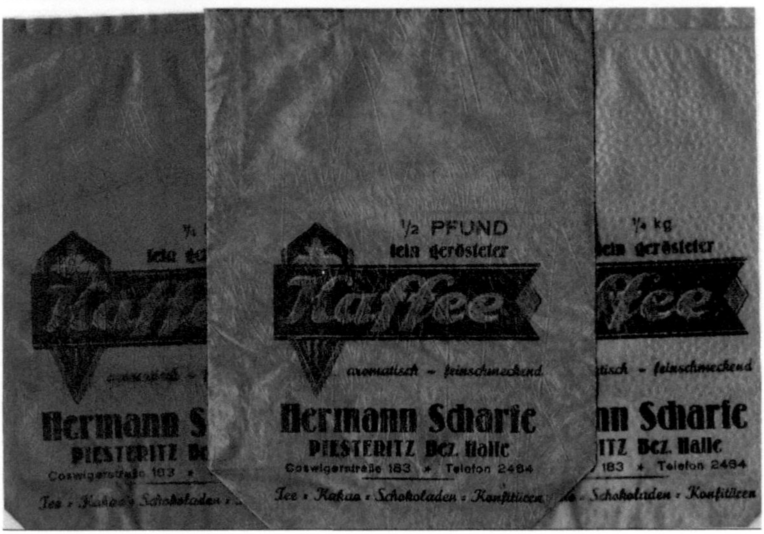

Bäckerei Sell, - 1938 Verkauf der Backwaren in der Dessauer Straße

Bäckerei in der Friedeholzstraße 1929

Hier wurde gebacken

Diese Bäckerei gab es auch noch in den siebziger Jahren und wir verließen oft verbotenerweise den Schulhof,um uns mit dem köstlichen Backwerk zu versorgen.

"Möbel-Kaspar"auch immer ein "Hingucker"auf unserem Schulweg.
Daneben Hillert/Clauß.

Rückansicht von "Möbel-Kaspar".

Die alte Postkarte vermittelt einen guten Eindruck von der Vielfalt des Handels, der einst inPiesteritz zu finden war.

Auch an der Fleischerei Baldauf, Ecke zur Bertolt-Brecht-Straße, führte unser Weg vorbei.

Die mit Handpumpe betriebene "Shell"-Tankstelle in Piesteritz gab es zu meiner Zeit schon nicht mehr.Nur ein paar Reste waren noch zu sehen. Die Tankstelle lag an der Ecke zur Bergstraße.

Durchgang zur "Stiege".Diesen Weg benutzten wir manchmal,um zu unserer nur noch wenige Meter entfernten Schule zu gelangen.Die unteren drei Fenster gehörten übrigens dem "ABV"!

Rathausplatz von hinten

Coswiger Landstraße um 1933 in Piesteritz

Schuhladen, Foto-Schoch und KFZ-Karow (Hier saßen die Leute schon am Abend zuvor auf Angelhockern in der anschließenden Strengstraße, um am Morgen noch PKW-Reifen zu bekommen.) Auf der gegenüberliegenden Straßenseite befindet sich unseregeliebte Goethe-Oberschule.

Kreuzung Straße der Neuerer/Pestalozzi-Straße in Piesteritz. Unsere Schule liegt nur einpaar Schritte entfernt.Zu sehen sind die typischen DDR-Fahrzeuge jener Zeit, wie „Shiguli“und „Trabant“.Im Hintergrund verläßt gerade ein „Ikarus 66“, auch „Rakete“genannt, die Haltestelle.

Schwimmbad Piesteritz. Hier verbrachten wir Teile unseres Sportunterrichtes und auch unserer Freizeit.

„Minol“-Intertankstelle. Rechts ging es zur alten Elbbrücke. An dieser Kreuzungregelte der Volkspolizist den Verkehr, den mein Kumpel mit den Worten „Seite hin,Seite her ...“, aufforderte, uns endlich fahren zu lassen.

Letzter Schultag 1978 – Wehmut und Freude

Ebenfalls letzter Schultag, vor der ehemaligen HO – Kaufhalle „Freundschaft" in Piesteritz.

Viele von diesen Schulbänken gab es in den Sechzigern/Siebzigern nicht mehr, aber wir haben noch darauf gesessen!

Viele Jahre später!Im Rahmen eines Klassentreffens befinden wir uns direkt vor unsereralten Schule. Sehr schön ist der Balkon zu sehen, von dem unser damaliger Direktor mit„Fritz, dem Tontechniker“im Hintergrund, seine Ansprachen hielt.
Ich grüße alle meine ehemaligen Mitschüler – Diese Zeit bleibt unvergessen!

Kleinwittenberg und tausend Streiche

Damit möchte ich aber von der Schule zurückkehren in das alte Kleinwittenberg, denn auch da ging das Leben weiter, und wie!

Wie ich bereits in meinem ersten Buch beschrieb, löste sich die Rasselbande in der Kürschnerstraße langsam auf. Viele der Älteren zogen weg und auch die Interessengebiete verlagerten sich naturgemäß. Unser alter Hof, der so vieles gesehen und erlebt hatte, leerte sich langsam.

Aber mittlerweile hatte ich ja auch in den angrenzenden Straßen neue Freunde gefunden und mit diesen ging ich durch die siebziger Jahre, die schönste Zeit meiner Jugend.

Ein wichtiger Treffpunkt zu jener Zeit war die „Fleischerecke". Diese Straßenecke wurde so genannt, weil sich damals noch an der Straßenkreuzung Robert-Koch-Straße/Hermann-Kürschner-Straße die Fleischerei Lindemann befand. Die dazugehörige „Salatküche" befand sich direkt gegenüber unseres Wohnhauses. Die Ecke war für die meisten meiner Kumpels und für mich nur ein paar Meter von unseren Behausungen entfernt, also zentral gelegen. Hier trafen wir uns oft in den Ferien oder auch nach der Schule, um unsere universellen Freizeitpläne zu besprechen. Manchmal ging man auch zum Elternhaus des Freundes, klingelte und stellte die ewig gleiche Frage an Vater oder Mutter, z. B. : „Kommt Udo raus?" Das natürlich nur, wenn der Kumpel nicht gerade selbst öffnete.

Zwei meiner besten Freunde waren Brüder und wohnten mit ihren Eltern in einem stattlichen Zweifamilienhaus zur Miete. Dieses Haus gehörte einer Familie mit drei Kindern. Diese waren älter als wir und uns auch körperlich weit überlegen. Diese Überlegenheit, verstärkt durch den Nimbus ihrer Eltern als Hausbesitzer, taten sie auch durch ihr Auftreten kund und wir mochten sie so gar nicht. Zwei der walkürenhaften Gestalten waren Mädchen und kamen uns gewaltig vor.

Brav werkelte die ganze Familie Sonntagvormittags im Garten. Nur die Mutter blieb in der Wohnung, um das Essen zu kochen. Sie führte in der Familie scheinbar ein sehr strenges Regiment. War das Essen fertig, pfiff die Frau laut und gekonnt eine ziemlich schwierige Melodie über den stillen Hof. Das war das Signal an den Rest der Familie, sofort die Gartenarbeit zu unterbrechen und unverzüglich zum Mittagessen zu erscheinen. Ansonsten gab es Ärger. Nun hatte sich einer meiner dort wohnenden Freunde ganz genau diese Melodie eingeprägt und pfiff nun ebenso laut und gekonnt zum Essen, allerdings eine halbe Stunde früher als zur heiligen Standartzeit!

Prompt ließen alle ihre Gartenwerkzeuge fallen und erschienen bei der verdutzten Mutter zum Mittagessen, das noch gar nicht fertig war. Aus dem Schuppen beobachteten wir die Folgen der Freveltat und hielten uns die Bäuche vor Lachen. Natürlich wurde mein Kumpel schnell als der Übertäter ermittelt und unsere Beliebtheit erreichte bei der Familie neue Höhepunkte.

Diese Dynamik beschleunigte sich noch, als wir Steppkes von der gestrengen Hausbesitzer-Mutter beim Rauchen im Kohlenschuppen erwischt wurden. Da saßen wir nun im fortgeschrittenen Alter von elf bis zwölf Jahren im anheimelnden Kohlenschuppen und zogen heftig an merkwürdig schmeckenden „Puck“-Zigarellos, von denen die Packung 60 Pfennige kostete. Die Qualmdichte hatte in der Zwischenzeit beachtliche Ausmaße erreicht und drang durch alle Ritzen der Schuppentür. Dieser unerwünschte Effekt führte schließlich zu unserer Entdeckung durch die gestrenge Frau. Nachvollziehbarerweise hatte sie einen Großbrand im Schuppen befürchtet. Auf ihre im lauten Anklageton vorgebrachten Frage, was wir denn dort machten, antwortete einer meiner Brüder-Kumpel auch noch „Geheimbesprechung"! Das hörte sich gerade so an, als ob der Vorstand einer bedeutenden Firma tagte und nicht eine Horde von Halbwüchsigen mehr oder minder ungeschickte Rauchversuche unternahm.

Der Frau blieb erstmal der Mund offenstehen, aber natürlich wurde die Missetat sanktioniert.

Eine Zeitlang mussten wir also erstmal Wohlverhalten zur Schau stellen und spielten daher tagelang Fußball, was auch sehr viel Spaß machte. Dazu trafen wir uns oft in der Grünstraße. Ein großes Tor, welches das rückwärtige Gelände des damaligen Kulturhauses "Hermann Kürschner" abschloss, diente uns dabei als Fußballtor. Wer den Ball durch wiederholtes Kicken am kürzesten in der Luft hielt, musste in das „Tor". Das ganze Spiel nannte sich „Schnippel" und wir spielten es im Sommer manchmal so lange, bis abends kaum noch der Ball zu erkennen war. Oft ertönte ein schriller Pfiff in der beginnenden Dunkelheit, meine Kumpels spitzten die Ohren und riefen: „Oh, mein Vater, ich muss rinn."

Wir waren bestimmt lustig anzuschauen, wie wir mit den ständig getragenen Einheitstrainingsanzügen und den wahlweisen Topfschnitten oder Wehrmachtsfrisuren dem Ball nachjagten. Dabei versuchten wir natürlich, die großen Fußballer unserer Zeit nachzuahmen.

Besonders schlimm wurde dieses Verhalten im Jahr 1974, als die Fußballweltmeisterschaft in Deutschland stattfand. Alle von uns vergötterten die Spieler der bundesdeutschen

Nationalmannschaft und sammelten alle nur zu bekommenden Bilder unserer Idole. Wir verfolgten jedes Spiel im Fernsehen (natürlich noch in Schwarz-Weiß). Vor allen Dingen das Endspiel gegen die Niederlande blieb mir in Erinnerung. Es kam bei dieser WM auch zu dem bekannten Duell BRD-DDR, bei der vom DDR-Nationalspieler Sparwasser das berühmte Siegtor zum 1:0 geschossen wurde. In den DDR-Medien war der Jubel riesengroß. Als die DDR ausschied und die BRD später Weltmeister wurde, erschien nur eine winzige Notiz in der „Freiheit". Die DDR-Mannschaft und ihr Trainer wurden von uns nur despektierlich „Buschner und seine Rasenkomiker" genannt. Wir wollten lieber so sein wie die „Westspieler".

So gaben wir uns auch schon mal deren Namen wie „Gert Müller" oder „Franz Beckenbauer". Der Mann im Tor hieß natürlich grundsätzlich „Sepp Maier", wie der bekannte Nationaltorwart, „die Katze von Anzing".

Einer der mit mir befreundeten Brüder spielte ziemlich geschickt Fußball und gab dann auch noch Kommentare wie: „Ich konstruiere", wenn er den Ball besonders geschickt in ein oberes Eck des Tores befördern wollte.

Der größte Wunsch von uns war es, irgendwann einen echten Lederball zu besitzen. Aber das dauerte bei Preisen von um die 40,00 DDR-Mark für so ein Teil noch eine Weile.

Allerdings konnten nicht alle Anwohner an unserem professionellem Spiel Freude finden. Flog der Ball über den hölzernen Zaun des gegenüberliegenden Grundstückes, erschien dort ganz schnell ein bösartig aussehender älterer Mann und zerstach mit einem teuflischen Grinsen den Ball mit einem großen Messer. Dieser destruktive Akt schien ihm große Freude zu bereiten. Das formlose Gebilde warf er dann freundlicherweise zurück und unser Spiel war auch ohne

Pfiff zu Ende. Ein neuer Gummiball kostete immerhin 3,05 Mark und war für uns nicht so leicht zu ersetzen.

Im Haus Grünstraße 17 wohnte mein Freund Thomas mit seinen Eltern und seiner Schwester. Auch dem Besitzer dieses Hauses schien unser Spiel nicht zu behagen. Er vermochte vielleicht auch nicht das Talent der kommenden Fußballstars zu erkennen. Wenn dieser ebenfalls ältere Herr mit seiner obligatorischen „Mucks-Spritze“ aus dem angrenzenden Garten zu seinem geheiligten Haus zurückkehrte, versuchte auch er, unser Fußballspiel zu unterbinden. Die „Mucks-Spritze“ bestand aus einer mit einer Giftlösung versehenen Druckflasche, die auf dem Rücken getragen wurde, und einer Art Sprühlanze. Damit wurden im Garten, so glaube ich jedenfalls, die Bäume und Sträucher gegen Schädlinge eingesprüht. Auch uns schien er für Schädlinge zu halten, denn er fuchtelte wild schimpfend mit seiner Spritze vor unseren Nasen herum. Da er sich schlecht bücken konnte, wollte er den Ball wenigstens möglichst weit wegschießen. Gehandicapt durch ein Holzbein, der „Mucks“-Flasche auf dem Rücken und der Sprühlanze in der Hand, war das aber gar kein so einfaches Unterfangen für ihn. Außerdem fummelte mein Kumpel mit seinen kurzen, aber äußerst geschickten Beinen den Ball immer wieder aus dem Bereich des schussbereiten Holzbeines. Dieses Holzbein trat nun immer wieder mit der gleichen Frequenz ins Leere. Laut schimpfend drehte sich dessen Besitzer dabei ständig im Kreis beim erfolglosen Bestreben, den Ball zu treffen. Dabei wurde er wiederum geschickt von „Beckenbauer“ mit Topfschnitt umrundet. Ein Bild für die Götter!

Wir wollten den alten Herrn nicht ärgern, aber schließlich auch unseren Ball behalten. Irgendwann gaben wir dann aber doch auf und verließen den unsportlichen Ort.

Manchmal wollte mein Kumpel auch gleich nach Hause, um „Ekel Alfred“ im Fernsehen zu genießen. Ich wusste erst gar nicht, um was es dabei ging. Später verpasste ich dann keine Folge der Serie „Ein Herz und eine Seele“. Diese Sendungen passten so richtig in die Zeit und könnten heute wahrscheinlich gar nicht mehr gedreht werden.

Meistens setzten wir unser Fußballspiel aber unten an der Elbe, kurz vor dem Joly-Park, fort. Dort befand und befindet sich noch immer, ein richtiger Bolzplatz. Hier waren Kleinwittenberger Jugendliche aller Altersstufen anzutreffen, darunter auch gar lustige Gestalten. Da gab es zum Beispiel „S.“. Dieser war etwas älter als wir, gab sich äußerst cool und schlenkerte gar sehr mit seinen langen Beinen. Meist erschien er mit einem zwei Köpfe kleineren Adjutanten. Wir sagten dann immer: „Seht mal, da kommt S. und sein Hilfssheriff Asta!“

S. spielte mit seinen langen Beinen bemerkenswert unfair Fußball und holzte alles weg, was sich ihm in den Weg stellte. Nach dem Ende eines solchen Matches massierten sich seine Gegner mit schmerzverzerrtem Gesichtern Schienbeine und Knöchel. S. dagegen stieg lässig auf sein 26er-„Diamant“-Fahrrad und wollte damit ebenso lässig die leichte Anhöhe erklimmen, die weiter auf dem etwas bergigen Pfad in den Joly-Park führte. Dabei ging er aber wegen der vielen Zuschauer etwas zu lässig an das Vorhaben. Er trat einfach mit zu wenig Kraft in die Pedale und rollte mit dem Rad etwas zurück. Der Rücktritt setzte ein und S. überschlug sich rückwärts mit seinem Gefährt. Nun rieb er sich ein paar mehr Knochen als wir! Da der Salto fast wie in Zeitlupe ablief und ebenso „cool“ wirkte wie S. selbst, war unser Gelächter wahrscheinlich noch auf der anderen Elbseite zu hören. Allerdings reichte ein Blick von ihm aus, um uns zum Schweigen zu bringen und mit gesenktem Kopf wieder unsere eigenen Beine zu reiben. Schließlich war er ja älter und stärker als wir. Als einer der ersten besaß er einen tragbaren Kassettenrekorder. Dieses Modell war recht klein und wurde von S. in einer dazugehörigen Ledertasche getragen. Der über die Schulter getragene Riemen schien allerdings etwas kurz geraten zu sein und so hing der kleine Rekorder mehr in der Achselhöhle des großen Körpers statt an der Seite. Aus S.s Achselhöhle erklangen daher stets undefinierbare und quäkende Laute, die nur mit viel Fantasie an Musik erinnerten.

Allerdings hatte er unerklärlicherweise eine recht hübsche Freundin. Diese Tatsache konnten wir uns nur durch die gezielte Anwendung seines „Achselkassettenrekorders" erklären, dessen merkwürdiger Klang scheinbar einen unerklärlichen Reiz auf das Mädchen ausgeübt hatte. Vielleicht, so vermuteten wir, verhielt es sich wie im Tierreich, wo ja auch oft sonderbare Lockrufe eine gewisse Anziehungskraft auf das jeweils andere Geschlecht ausübten.

Auf dem Platz kam es auch sonst des Öfteren zu mehr oder minder schweren Blessuren, meist hervorgerufen durch pure Dummheit. Am Rande des Platzes standen einige morsche und verkrüppelte Bäume. Auf einen solchen kletterte G., einer der etwas minderbegabteren Vertreter unserer Spezies. Nach dem Erklimmen des höchsten Astes rief er laut: „Ich bin Tarzan!" Wahrscheinlich kam er sich vor wie Johnny Weißmüller, der in den im Fernsehen gezeigten Uraltserien den Dschungelhelden verkörperte. Im gleichen Augenblick brach der morsche Ast und „Tarzan" folgte der Schwerkraft. Unerklärlicherweise hielt er im Flug auch noch den abgebrochenen Ast fest, von dem er sich Hilfe zu versprechen schien. Die ganze Aktion endete mit einem gebrochenen Arm.

Ein weiterer Vertreter der beschriebenen Art war K. Beim konzentrierten Spiel mit dem Ball nahm sein weit geöffneter Mund eine vollkommen runde Form an und ließ auch keine Zähne mehr erkennen. In der Tiefe dieses Mundes war nur eine Art dunkles Loch zu erahnen, was „The Long", einen von drei Brüdern, zu der in typischem Piesteritzer Idiom vorgetragenen Bemerkung veranlasste: „Ey, K., du hast nen Maul wie'n Rohr!"

K. wohnte in der Robert-Koch-Straße und hatte gerade seine Motorradfahrerlaubnis erhalten. Voller Stolz fuhr er mit seiner 150er TS die wenigen Meter von seiner Behausung zu Ecke Lugstraße. Vielleicht um seine Maschine vor dem Kleinwittenberger Holperpflaster zu schonen, benutzte er für seine rasante Jungfernfahrt den Fußweg. Prompt wurde er von einer ihr Elternhaus an der Ecke besuchenden Verkehrspolizistin gestoppt. Die gerade frisch erhaltene Fahrerlaubnis musste K. für eine längere Zeit gleich wieder abgeben und sein Gefährt nach Hause schieben. Vor Überraschung über das schnelle Ende der Fahrt, hatte sein Mund wiederum diese typisch runde Form angenommen.

Übrigens wurde der wegen seiner Körpergröße so genannte „The Long" einmal aus dem Wehrkreiskommando, jener bei den meisten Jugendlichen höchst unbeliebten Einrichtung, geworfen. Wie alle männlichen Jugendlichen sollte er sich zu einem längeren Wehrdienst verpflichten und wurde entsprechend bearbeitet. Wie unangenehm der Ton dabei werden konnte und wie sehr man dabei aufpassen musste, nichts Falsches zu sagen, werde ich eingehend in meinem nächsten Buch schildern.

„The Long" jedenfalls sollte zum Abschluss des aus Sicht der Offiziere erfolglosen Gesprächs noch einige Werbebroschüren für militärische Berufe überreicht bekommen. In seiner langsamen und immer leicht höhnisch klingenden Sprechweise lehnte er das Ansinnen mit den Worten ab: „Solche Mosaiks (Mosaik – Eine Art Comic-Heft der DDR) sammle ich nicht!“ Das kam natürlich gar nicht gut an und „The Long“ wurde unter Drohungen und Schimpftiraden des Wehrkreiskommandos verwiesen.

In dieser Zeit war es meinen besten Kumpels, den Brüdern, endlich gelungen, irgendwie an einen echten Lederball zu kommen. Für einen richtigen Fußball hatte es nicht ganz gereicht, aber immerhin für einen Handball. Dieses schwarzweiße Teil brachten sie nun voller Stolz mit zum Bolzplatz an der Elbe. Sorgfältig achteten die beiden in ihren unvermeidlichen Trainingsanzügen darauf, das gute Stück zu schonen.

Nun stand aber eines der Tore zu jener Zeit in Richtung der Abschlussmauer zum Park der Berufsschule. Die im Auftrage des seligen Herrn Joly beim Bau verwendeten Schlackesteine waren überaus rau. Jeder Treffer neben das Tor und an die bewusste Mauer führte zu Schäden am Ball. Jedes Mal riefen die beiden Besitzer: „Oh, Oh!“ und liefen, um den verletzten Ball zu streicheln. Bald hingen Fetzen von dem tollen Teil, was nun wirklich schade war. Es war aber auch schwer, einen kleinen Handball mit den Füßen richtig zu treffen. Da die Flugbahn des Balles mit seinen Fetzen aber nun wirklich unberechenbar wurde, schoss S., als er mit seinen langen und ungelenken Beinen über das Spielfeld holzte, den verletzten Ball mit einen gewaltigen Schuss in die gerade Hochwasser führende Elbe. Selbst S. blickte verwundert drein, als der Ball in Richtung Hamburg verschwand. Meine beiden Freunde waren untröstlich. Sie fassten sich ständig an den Kopf, der damals auch noch mit dem üblichen Topfschnitt versehen war. Dazu stöhnten sie im Chor immerzu: „Oh, oh, oh.“ Damit endete erstmal unser Intermezzo an der Elbe und wir beschlossen, uns bedeutenderen Projekten zuzuwenden.

Uns fiel ein, dass wir der Christuskirche schon länger keinen Besuch abgestattet hatten. Natürlich hatten wir dabei nicht beten für den Ball oder Vergebung unserer Sünden im Sinn, sondern etwas ganz anderes. Einer von den Brüdern hatte beobachtet, wie des Sonntags der Herr Pfarrer immer in seinem Pfarrgarten wandelte und sich gern unter einem dort wachsenden Birnbaum niederließ. Mit einem seligen Lächeln richtete sich sein Blick nach oben und er sah die herrlichen Früchte, die im Sonnenschein zahlreich am Baum hingen. Wahrscheinlich dankte er dem Herrgott für diesen Segen. Irgendwie rief dieser Vorgang unseren jugendlichen Neid hervor. So fiel eine Horde von uns am Samstagabend in den Pfarrgarten ein und aß alle Früchte auf. Das Kunstvolle daran war, die Birnen beim Verzehr am Baum hängen zu lassen. Nach dem Ende der verbotenen und gotteslästerlichen Völlerei hingen nur noch die Griebsche am Baum und gaben der ganzen Szene ein etwas bizarres Aussehen.

Natürlich versäumten wir es nicht, am Sonntag wieder vor Ort zu sein und versteckt die Reaktion des Pfarrers zu beobachten. Dieser vollführte wieder sein übliches Ritual, aber als er nach oben zum Baum sah, fiel ihm die Bibel aus der Hand und er rief: „Teufelswerk!“

Einer der Brüder stellte zum würdigen Abschluss auch noch einen von Silvester übriggebliebenen „Fliegenden Blitz“ in das kupferne Fallrohr der Kirchendachrinne. Es polterte und blubberte gewaltig, ehe mit einem kurzen

„Plopp“ eine einzelne Leuchtkugel am oberen Ende des Fallrohrs aus der Dachrinne schoss. Das Rohr war nun bestimmt sauber, aber unsere Tat blieb frevelhaft.

Heute schämt man sich ein bisschen dafür, aber damals hatten wir oft nur Unfug im Sinn. Wir wurden zwar nicht entdeckt, aber doch gab es ein Nachspiel. Bei unserer Flucht vom Kirchengelände trat einer der Brüder in eine Glasscherbe, welche prompt die dünne Sohle seiner gern getragenen „Jesus-Latschen“ durchschnitt. Vielleicht war das ein Zeichen und die Strafe für unsere Untat. Der Schnitt am Fuß war eher oberflächlich, hinderte uns aber beim Fortrennen.

Da ertönte von der Straße her der wohlbekannte Pfiff, mein Kumpel fasste sich wieder an den Kopf und rief aus: „Oh, mein Vater!“

Dieser hatte uns zufällig flüchten sehen. Er wusste nicht, warum wir etwas in Eile waren, und erfuhr es auch nie. Ganz richtig vermutete er aber wieder mal einen bösen Streich dahinter.

Ich setzte schließlich meinen Weg allein fort und befand mich noch ganz im Banne des Geschehens.

Am nächsten Tag wollte ich wie so oft meine beiden Kumpels von zu Hause abholen. Als ich die wenigen Schritte um die „Fleischerecke“ getan hatte, sah ich die Brüder vor dem Haus ihrer Eltern in der Robert-Koch-Straße beim Unkraut zupfen. Beide schauten ziemlich betrübt aus ihren Trainingsanzügen hervor und flüsterten mir zu: „Gehweiter, wir dürfen nicht mehr mit dir sprechen!“ Sie hatten von ihrem Vater eine ziemliche Abreibung bekommen, inklusive dieser „Arbeitsverrichtung außer der Reihe“. Wahrscheinlich hatten sie in ihrer Not die ganze Schuld mir zugeschoben. Das fand ich ziemlich unfair, war doch einer der beiden der geistige Schöpfer der Untat. Egal, dachte ich, die werden sich schon wieder einkriegen!

So war es dann auch, aber erst einmal besuchte ich einen weiteren Gefährten, der nur ein paar Schritte weiter wohnte. Im letzten Haus vor der Einfahrt zum Kleinwittenberger Hafen wohnte Sigmar. Die Lage des Hauses bot den großen Vorteil, ungehindert über den Hintereingang des Hauses das Hafengelände betreten zu können. Ansonsten war dies, wie übrigens so vieles, natürlich verboten. Der ganze Hafen war für uns Jungs ein einziger Abenteuerspielplatz. Natürlich galt es stets, nicht erwischt zu werden. Die Wasserschutzpolizei passte gut auf und erst recht der allgegenwärtige „Abschnittsbevollmächtigte"(ABV) P. Ganze Stunden lang beobachteten wir den Umschlagbetrieb im Hafen und sahen den Schiffen beim Anlegen zu. Die kleine Rangierlok der Hafenbahn flitzte hurtig über das relativ große Gleisfeld und besonders interessant war es, wenn eine kleine Dampflok diesen Dienst versah.

So schlichen wir uns bis zu „Wikana" und „Wittol" und wunderten uns darüber, warum ein Gleisbereich bei „Wikana" besonders gesichert war. Später erfuhren wir, dass hier Dauerbackwaren für die Armee und andere spezielle Güter verladen wurden. Darunter befand sich auch das merkwürdig schmeckende Büchsenbrot, welches ich später bei der NVA als „Atombrot" so sehr „lieben" lernen sollte.

Im „VEB Wikana" wurden Dauerbackwaren hergestellt, während im „VEB Wittol" Schuhcreme, Bohnerwachs und ähnliche Produkte hergestellt wurden. Beide Betriebe hatten Zugang zum Hafen und zur Hafenbahn, ebenso wie das Eisenwerk, der Schrottplatz und viele andere kleine Betriebe. Überall war etwas zu finden für uns. In großen Boxen lagen

Fehlproduktionen von Tuben mit Schuhcreme, mit denen wir uns reichlich versorgten. Irgendwie mochte ich auch die verschiedenen Gerüche im Hafen. Bei „Wittol" roch es immer nach Bohnerwachs, während „Wikana" oft schon am Pfefferkuchengeruch zu erkennen war. Die großen, alten Hafenspeicher hingegen, sonderten noch nach Jahren den Geruch des einstmals gelagerten Tabaks ab.

Besonders im Winter bot der Hafen einen idyllischen Anblick. Dicht an dicht lagen die Schiffe im Hafen und suchten Schutz vor dem oft schweren Eisgang auf der Elbe. Aus den schwach erleuchteten Kajüten und Steuerhäusern stieg der Rauch der Kohleöfen über einen Blechschornstein in den Winterhimmel, von dem es zudem oft noch schneite. Wurde das Eis um die Schiffe zu dick, mussten die Besatzungen mit Eissägen das Schiff freischneiden, um Schäden am Schiffskörper zu vermeiden. Bis auf eine Notbesatzung auf dem Schiff war fast die gesamte Restmannschaft oft in der nahe gelegenen Gaststätte „Zum Elbhafen" bei Wirtin Lore Winkler zu Gast. Hier gab es neben Grog und der köstlich schmeckenden Bockwurst auch vieles andere. Bei längerer Liegezeit wurde auch die Heimatpost für die Besatzungen in die Gaststätte gebracht.

So verbrachten Sigmar und ich so manchen Tag verbotenerweise im Hafen und fanden dabei auch immer Dinge, von denen wir meinten, sie gebrauchen zu können.

Eines Tages aber zog Sigmar mit seinen Eltern weg. Die Wohnung der Familie war aber auch tatsächlich nicht schön. Direkt unter dem Dach gelegen, waren in der kleinen, fensterlosen Küche die Dachschindeln als Decke zu sehen. So kam der Tag, an dem ich vergeblich auf Sigmars Klingelknopf drückte und erst hinterher das fehlende Namensschild bemerkte. Mein Freund war mit seiner Familie weggezogen und ich sollte ihm nie wieder begegnen.

Inzwischen hatten sich aber auch meine beiden „Kumpel-Brüder“ wieder beruhigt und trotz ihrer gerade abgeleisteten Strafarbeit sofort wieder Streiche im Sinn. Das ließ mich damals schon an der pädagogischen Wirksamkeit von Strafen zweifeln, wenn ich das so damals auch noch nicht ausgedrückt hätte.

So ein Ferientag kann auch lang sein und so meinten wir, uns unbedingt erst einmal stärken zu müssen. Gegenüber der „Fleischerecke“ wohnte „Seifju“ mit seiner Mutter und jüngeren Schwester. Er war etwas älter als wir und aufgrund dieser Tatsache manchmal unser Anführer.

Nun wussten meine Gefährten vom Lagerort des Wohnungsschlüssels. Dieser lag stets, wenn die Familie außer Haus war, auf dem oberen Türbalken. Meine beiden Kumpels meinten, wegen ihrer Freundschaft zu Seifju diesen Schlüssel jederzeit benutzen zu können. Damit irrten sie sich gründlich, wie noch zu erfahren sein wird.

Schließlich begannen wir erst einmal damit, einen riesigen Topf Kartoffelsuppe zu erhitzen, der schon vorbereitet auf dem Herd stand. Plötzlich sprang die Küchentür auf, Seifju stand auf der Schwelle und brüllte: „Was ist denn hier los?“

Die beiden Brüder antworteten im Chor: „Mensch, Seifju, wir dachten, wir dürfen das!“ Sie durften natürlich nicht und als Strafe mussten wir den gesamten Inhalt des riesigen Topfes vollständig aufessen. Nach dem dritten Teller kam uns die Kartoffelsuppe schon aus den Ohren heraus. Die Gesichter meiner beiden Mittäter hatten eine knallrote Farbe angenommen und mir schien, als wären auch ihre Köpfe kartoffelförmig angeschwollen. Auch hatten sie ihre Trainingsanzüge bekleckert und stöhnten immerzu: „Oh, Oh.“

Plötzlich rief auch Seifju: „Oh, meine Mutter kommt, haut ab!“ Wenn er vor jemanden Angst hatte, dann vor seiner recht strengen Mutter, die sich unerbittlich über den kleinen Hof der Wohnung näherte. Seifju hatte von ihr ausdrückliche Weisung, niemanden mit in die Wohnung zu nehmen. So blieb uns nur der Fluchtweg durch ein winziges Zimmer in der Wohnstube. Dort sprangen wir kurzerhand aus dem Fenster der zum Glück ebenerdigen Wohnung und landeten in der Robert-Koch-Straße. Ich glaube überhaupt, diesen Weg öfter benutzt zu haben als den durch die Tür. Die Mutter hatte nichts bemerkt, wunderte sich aber sicherlich über den riesigen Hunger ihres Sohnes, der die ungeheure Menge Kartoffelsuppe allein verspeist haben wollte. Der Sprung aus dem Fenster war auch nicht gerade verdauungsfreundlich. Die beiden Brüder hatten wegen ihrer Frechheit noch eine Extra-Kelle der edlen Speise serviert bekommen. Nun stöhnten und rülpsten sie unablässig, hielten sich den Bauch und schworen, nie wieder Kartoffelsuppe zu essen, und schon gar nicht bei Seifju!

Am nächsten Tag waren die Beschwerden aber abgeklungen und wir wieder recht tatenfreudig.

Am Treff „Fleischerecke“ beschlossen R. und ich, uns auf die Suche nach Aufklebern aller Art zu gehen. Heute gibt es diese Logos überall und oft gratis, aber in der DDR gab es so etwas leider kaum. Die von uns so begehrten westlichen Produkte waren als Verzierung an manchen Fahrzeugen zu finden. Da gab es „Wum und Wendelin“, gelbe Enten in allen Größen, Herzen mit der Aufschrift „Fahre mit Herz“, die WM-Figuren „Tip und Tap“ und vieles andere zu bewundern.

Selbst Aufkleber mit Werbung für irgendwelche Ölsorten fanden wir toll. Hatten wir ein Fahrzeug mit so einem Wahnsinnsartikel erspäht, kam es auf Fingerfertigkeit und Schnelligkeit an, um den Aufkleber unbeschädigt zu entfernen und damit erfolgreich zu flüchten. Über die Tatsache des Diebstahls nachzudenken, kam uns damals leider nicht in den Sinn. Um die Aufkleber vor verruchten Tätern wie uns zu schützen, hatten manche Besitzer derselbigen die guten Stücke mit farblosem Lack überzogen.

Nur einmal übertrieb es mein Kumpel in seiner pathologischen Sucht nach Aufklebern. Im Hafengelände stand in den Abendstunden ein großer LKW, an dessen Fahrertür sich ein riesiger runder Aufkleber mit dem Bildnis eines Stierkopfes befand. Der Durchmesser des Teiles betrug dabei zwischen 35 und 40 cm. Dies hatte mein Kumpel nun ausgespäht und der Stierkopf verfolgte ihn bis in seine Träume. Schließlich konnte er es nicht länger ertragen und beschloss, sich das Objekt seiner Begierde zu holen.

Ich stand als „Beobachter" in der Dämmerung, als er sich an den LKW schlich und am Aufkleber mithilfe eines kleinen Messers zu hantieren begann. Dieser setzte aber aufgrund seiner schieren Größe und seiner Klebekraft einigen Widerstand entgegen und mein Kumpel hatte gerade erst die Hälfte gelöst, als er immer ungeduldiger zu ziehen begann. Das ganze Fahrerhaus fing bedenklich an zu wackeln und plötzlich öffnete sich die Fahrertür. Der in der Schlafkoje nächtigende Fahrer war durch die Wackelei wach geworden und dachte wohl, sich auf einem Segelschiff in stürmischer See zu befinden. Erstaunt sah er um sich und bemerkte zwar keine Wellen, aber dafür meinen Gefährten. Dieser riss mit einem beherzten letzten Ruck den Aufkleber schließlich gänzlich ab und flüchtete. In langen Unterhosen sprang der Fahrer aus seinem Lkw und nahm unverzüglich die Verfolgung des dreisten Diebes auf. Dieser hatte zwar die kürzeren

Beine, die konnten aber sehr quirlig agieren. Das hatte er ja in seiner Rolle als Fußballer Beckenbauer oft genug bewiesen. Er schlug Haken wie ein Hase und auch kam ihm die genaue Kenntnis des Hafengeländes zugute.

Schließlich musste der Fahrer aufgeben und ich traf den erfolgreichen Aufkleberdieb an der Fleischerecke wieder, wo er mir stolz grinsend den an die Innenseite seiner Jacke gepappten Stierkopfaufkleber präsentierte. Die Flucht hatte aber auch ihn ziemlich mitgenommen und so beschlossen wir einstimmig, so etwas Aufregendes (vorerst) nicht mehr zu tun.

Am schönsten war natürlich immer die Ferienzeit. In den Winterferien besuchte ich oft Cousins und Cousine. Diese wohnten in der Dessauer Straße, damals noch „Straße der Neuerer“, in jenem Haus, in dem sich auch die „Drogerie Böhme“ befand. In meinem vorigen Buch berichtete ich bereits über dieses Haus und seine Bewohner. Ich war immer gern dort und konnte nie an der großen alten Haustür vorbeigehen. In den Februartagen lag zu meiner Jugendzeit sehr oft Schnee und ich machte mich gleich am ersten Ferientag voller Vorfreude auf den Weg zu meinen Verwandten. Weil ich es kaum erwarten konnte, trat ich immer schon sehr zeitig den kurzen Fußmarsch an. Kleinwittenberg lag tief verschneit, als ich schließlich die „Hauptstraße“ erreichte. Der Schnee war von den Schneepflügen immer wieder zur Seite geschoben worden, so entstanden zwischen Straße und Fußweg regelrechte Schneemauern, die manchmal fast mannshoch waren. Hier hinein konnten an Silvester übrigens auch wunderbar Raketen zum Abschießen gesteckt werden.

Ich lief wie durch einen Schneetunnel. Die Straßenbeleuchtung warf einen bläulichen Schimmer auf die ganze Schneepracht und ich empfand immer einen eigenartigen Zauber.

Schließlich stand ich vor der bewussten Haustür. Ich eilte nach oben, wo Cousine und Cousin schon dabei waren, den Küchenofen kräftig mit Kohle und Holz anzuheizen. Bald knisterte ein schönes Feuer im Ofen und es wurde gemütlich warm. Ab und zu fiel ein Stück Glut in den Aschekasten. An den damals noch einfachen Fenstern waren Eisblumen zu bestaunen. Der Eiswind drückte durch die obligatorischen Ritzen. Zum Schutz davor war eine zusammengerollte Decke zwischen Fensterbrett und unteren Fensterrahmen gedrückt und manchmal auch noch eine Fensterhälfte verhängt. Auf einem einfachen, zweiflammigen Gaskocher kochten wir schwarzen Tee und tranken das köstliche Gebräu mit viel Zucker und Zitrone. Auf die inzwischen heiße Ofenplatte legten wir Brotschnitten zum Rösten, die mit Salz bestreut, einfach gut schmeckten.

Nur noch eins konnte unser Wohlbefinden vollkommen machen, und das waren Zigaretten. So bekam meine Cousine die undankbare Aufgabe, ausgerüstet mit ein paar Pfandflaschen, den gleich gegenüber gelegenen Tabakwarenladen aufzusuchen. Martha, die Inhaberin, nahm es mit dem Alter nicht so genau, denn sonst wären wir damals noch leer ausgegangen. Sie verkaufte zu der Zeit noch einzelne Zigaretten und so kam meine Cousine voller Stolz mit einem kleinen Tütchen zurück, in dem sich vier filterlose „Casino“-Zigaretten befanden.

So saßen wir mit unserem Tee selig grinsend in der Küche, rauchten lässig „Casino“ und lauschten „Lamplight“ von den „Bee Gees“, welches aus dem alten Tonbandgerät meines Cousins klang. Wir erzählten, lachten und fühlten uns einfach glücklich! Alle anderen Familienmitglieder waren außer Haus und so hatten wir die Wohnung ganz für uns.

Manchmal schalteten wir auch den Schwarz-Weiß-Fernseher ein und sahen uns die Wiederholung eines alten amerikanischen Krimis an. Vom Wohnzimmer aus konnte direkt auf die Dessauer Straße geblickt werden. Das hatte natürlich auch im Sommer gewisse Vorteile. Direkt gegenüber wohnte eine Familie mit drei hübschen Töchtern und auch an den Fenstern manchen Nachbarhauses waren oft hübsche Mädchen zu bestaunen. Diese „Fensterkontakte" waren immer spannend und unsere Fantasie machte Purzelbäume. Was löste ein Lächeln oder ein kurzes Winken bei uns nicht alles aus! Schließlich gelang es meinem Cousin, mit einer der drei Töchter „abzuschieben", wofür ich ihn gnadenlos beneidete. Sein älterer Bruder saß ein paar Jahre vor uns auch schon an diesem Fenster. Auch er hatte Erfolg, allerdings musste er seine mit nur noch drei Saiten versehene Gitarre zu Hilfe nehmen. Überdies konnte er nicht mal ansatzweise spielen, aber offensichtlich war der Anblick des Troubadours mit Gitarre für das Mädchen unwiderstehlich.

So verbrachte ich jedenfalls manche tolle Stunde in diesem Haus. Natürlich liefen bei allem, was wir auch taten, unsere großen Musik-Hits. Wir sahen alle „Kung-Fu"-Folgen mit David Carradine im Fernsehen und ließen es uns einfach gutgehen. Günstigerweise war auch möglich, bei der im gleichen Haus wohnenden Drogistenfamilie jederzeit an der Hintertür zu klopfen und schnell mal eine Flasche Wein zu erstehen. Ob „Harzer Juwel" oder „Troubadour" – ein Gläschen davon machte uns manchmal noch seliger.

Wir waren Teenager geworden, mit allen Gefühlen, die diese wunderschöne Zeit so oft mit sich bringt. Mal himmelhoch jauchzend, mal zu Tode betrübt – auf dieser Gefühlsskala war man oft unterwegs. Aber Melancholie hielt nie lange an, dafür waren wir dann doch zu jung und im Großen und Ganzen zu glücklich.

Das erste Date

Es ist Anfang Juli und das bedeutet, endlich sind die Ferien da! Wieder ist ein wunderschöner Sommermorgen angebrochen und ich habe mein erstes richtiges Date! Natürlich am Wiesenhof, dort, wo die Elbe eine Biegung macht und im Hintergrund noch malerisch das alte Holzgebäude der längst geschlossenen Gaststätte steht.

Ich sitze auf einem an Land liegenden, umgedrehten Holzkahn und warte sehnsüchtig auf C. Leise plätschert das Wasser des Flusses an den Buhnen. Die Sonne scheint durch das Blätterdach der Bäume und schon sehe ich sie auf dem ausgetretenen Treidelpfad entlang des Ufers auf mich zukommen. Mein Herz schlägt bis zum Hals, als sie schließlich neben mir sitzt.

Natürlich habe ich den unvermeidlichen Kassettenrekorder dabei, der gerade auch „Lay back in the Arms of Someone“ von „Smoky“ hören lässt. Wie unbeabsichtigt finden sich unsere Hände und wir blicken uns tief in die Augen. Es folgt der erste zaghafte Kuss und als sie ihren Kopf anschließend an meine Schulter legt, könnte ich schreien vor Glück.

Auch diese Momente vergisst man nie!

In dieser Zeit war Thomas einer meiner besten Freunde. Eines schönen Morgens klingelte er bei mir und erzählte begeistert, eine neue Cola-Sorte entdeckt zu haben. Bisher hatten wir nur „Cola-Gold“ und die unheimlich schaumige „Club-Cola“ gekannt. Außerdem kippten wir auch diverse Limonaden oder Fruchtsaftgetränke wie „Atri“ oder „Mandora“ in uns hinein. Nun hatte Thomas mit seinen Eltern die „Leipziger Messe“ besucht, durfte erstmalig eine „Quick-Cola“ probieren und war begeistert. Unverzüglich begannen wir, in den umliegenden Läden nach dem tollen

Getränk zu fahnden. Schließlich hatten wir Glück. Im vom uns als „Neubauten“ bezeichneten Gebiet jenseits der Dessauer Straße befand sich die Kaufhalle „Fortschritt“.

Das früher als „Pavillon“ bekannte größere Verkaufsgebäude firmierte nach einem Umbau unter diesem Namen. Für 0,95 DDR-Mark bekamen wir nun endlich eine 0,5-l-Flasche des begehrten Getränks. Weil es uns so gut schmeckte, tranken wir nun fast jeden Tag „Quick-Cola“. Da wir dieser Kulthandlung lange Zeit frönten, lernten wir auch nach und nach viele Jugendliche aus dieser Gegend kennen. Mein Kumpel ging außerdem in die „Karl-Marx-Oberschule“ und hatte daher sowieso schon einige Kontakte. So saßen wir auf dem Absatz vor den Schaufenstern, tranken unsere Cola und lauschten den Klängen, die der Kassettenrekorder von Thomas absonderte. Unser Lieblingshit zu genau jener Zeit war übrigens „The Free Electric Band“ von Albert Hammond.

Auch hier war es in den Sommerferien am schönsten. Die Sonne lachte vom Himmel, die Ferien schienen unendlich lang und wir strotzten vor Energie. Oft gesellten sich noch mehrere unserer Altersgenossen zu uns. Wir lachten und schwatzten und waren einfach gespannt auf den neuen Tag. Dazu noch die unsterblichen Hits der Siebziger und man fühlte so richtig den „Spirit“ jener Zeit, der einen nie wieder ganz verlässt.

Im Haus gegenüber wohnten etliche Mädchen und in den Ferien war dort auch immer etwas los. Hinter einer mit einer mit Büschen zugewachsenen Sitzecke vor dem Haus war ständig Kichern, Lachen und Musik zu hören. Die jüngste von den auch im Haus wohnenden Schwestern wurde mit der dankbaren Aufgabe der „Zettelbotin“ beauftragt. So gingen diese Zettel über die Straße hin und her über die Straße und jede neue Botschaft mit coolem Gesichtsausdruck, aber klopfenden Herzen in Empfang genommen.

Auf die klassische Frage: „Willst du mit mir gehen?“ schrieb ich: „Vielleicht!“ und kam mir, nachdem ich der Kleinen den zum Schreiben mitgebrachten Stift zurückgegeben hatte, ungeheuer clever vor. Dabei wäre ich am liebsten gleich über die Straße gestürzt!

Wieder einmal hing mein Himmel voller Geigen. Dazu war noch „Fernando“ von „ABBA“ von der gegenüberliegenden Seite zu hören.

Unsanft riss mich die gebellte Aufforderung „Ausweis!“ aus meinen Träumen. Vor mir stand der unvermeidliche Abschnittsbevollmächtigte (ABV) P. So wie mein Beat-Cousin und seine Freunde in den Augen des begeisterten Volkspolizisten verdächtige Elemente waren, hatte auch ich häufig die Ehre, von ihm kontrolliert zu werden. Diesem wahrscheinlich schon von Natur aus misstrauischen Menschen war einfach alles verdächtig. Mit unserer subversiven, weil westlichen Beatmusik, konnten wir ja auch die „sozialistische Ordnung“ empfindlich stören, die „ideologische Diversion des Klassenfeindes“ befördern. Vielleicht vermutete er auch den Tatbestand „Zusammenrottung“. Kam man seiner Aufforderung nicht unverzüglich nach, folgten schnell hintereinander folgende typischen Befehle und Fragen: „Komm‘ se mal her! Hauchen Sie mich mal an! Sind Sie betrunken? Sind Sie Ausländer? Sind Sie HWG (Person mit häufig wechselndem Geschlechtsverkehr)?“

Auf mein stummes Kopfschütteln folgte ein misstrauischer Blick von ihm, ehe er in seine braune Kartentasche griff und einige geheimnisvolle Einträge in das hervorgeholte schwarze Notizbuch machte. Nach einer zackigen Grußerweisung mit der Hand an seinen Mützenschirm entfernte er sich zum Glück meistens. Ehe sich der ABV auf sein 26er „Mifa“-Fahrrad schwang, gab er uns noch halblaut mit auf den Weg: „Machen Sie kein Aufsehen!“

Da meine Haare damals noch schwarz waren und ich im Sommer häufig braungebrannt herumlief, konnte ich seine „Ausländervermutung“ ja noch irgendwie nachvollziehen. Andererseits kannte er meine Herkunft natürlich genau. Seine anderen „Verdachtsmomente“ blieben mir immer ein Rätsel. Aber es half nichts, bei der nächsten Begegnung hieß es wieder: „Komm‘ se mal her!“ und alles ging von vorn los. Meinen Kumpels ging es ja auch nicht anders und irgendwann betrachteten wir die froschgrün gewandete Gestalt als unvermeidbares Naturereignis und ließen uns davon nicht die Laune verderben.

Leider hatten nun die Eltern meines Freundes ein Haus in Apollensdorf gekauft und uns trennte nun die für die „Vormoped-Zeit“ nicht unbeträchtliche Entfernung. Zwar fuhren damals noch in kurzen Abständen Busse in alle Richtungen, so auch die „D-Linie“ nach Apollensdorf, aber das war immer etwas zu umständlich für uns. Früher brauchte ich bloß die paar Schritte bis zur Grünstraße zu laufen und bei ihm klingeln. Schließlich beschlossen wir, uns auch Briefe zu schreiben. Dabei nahm allerdings die Schreibfaulheit, vor allen Dingen bei meinem Kumpel, signifikant zu. Da hatte er eine zündende Idee. Er besprach mithilfe eines Mikrofons Kassetten in seinem Rekorder und schickte mir dann das Produkt in einem zugetackerten Brief mit der Post. Als ich die erste dieser phänomenalen Sendungen in der Hand hielt, dachte ich, jemand hätte mir freundlicherweise eine Briefbombe zukommen lassen. Aber die Idee fand ich genial und das Ganze funktionierte auch solange, bis wir endlich Moped fahren durften.

Jetzt war es endlich soweit! Thomas und ich waren stolze Besitzer eines Kleinkraftrades vom Typ „Star“ aus dem „VEB Fahrzeug- und Jagdwaffenwerk Suhl“ geworden. Natürlich waren es gebrauchte Fahrzeuge, aber das minderte unseren Stolz keineswegs. Immer gab es daran etwas zu basteln oder zu verbessern. Viele der von uns zum „Aufmotzen“ verwendeten Teile konnten nur bei komplizierten Tauschgeschäften erworben werden. Um so stolzer waren wir dann, wenn unser „Star“ hinterher über verchromte Seitenbleche oder (funktionslose) Drehzahlmesser oder Temperaturanzeigen in Chromhülsen aus Stoßdämpferoberteilen verfügte. Damit verbrachten wir viel Zeit und unternahmen auch so manche Tour. Vor allen Dingen konnten wir uns nun jederzeit besuchen. Selbst Eis und Schnee waren dabei kein Hindernis.

Manchmal schlief ich in den Winterferien noch, wenn auf dem Hof schon das Moped meines Kumpels knatterte. Als eine Fußraste seines Supergefährts abbrach, fuhr er auch schon mal mit einem Fuß auf dem Motorblock durch die vereisten Straßen. Da meine Eltern meist auf Arbeit waren, hatten wir die ganze Wohnung für uns. Mittags kochten wir uns meist eine „Buchstabensuppe“ oder brieten Mutters Knödel vom Vortag. Manchmal kamen auch noch mehrere andere Freunde zu uns. In der großen Küche sitzend, spielten wir um Pfennige ewige Pokerrunden oder würfelten. Der Kohleofen bullerte gemütlich vor sich hin und hörte auch bei unseren diversen Tauschgeschäften zu. Wir spielten, lachten, alberten herum und hörten endlos Musik. Die Gespräche drehten sich um alles, natürlich auch um Mädchen. Dazu rauchten wir auch noch heftig, oft auch, um eine neue Sorte auszuprobieren, die irgendjemand ergattert hatte.

Kurzum, wir ließen es uns so richtig gutgehen!

Mein Schwager, der an einem dieser Vormittage überraschend vorbeikam, hatte nach eigener Aussage den Eindruck gewonnen, in eine „mexikanische Würfelbude“ geraten zu sein. In unserer Küche durften auch die Besucher meiner Eltern rauchen, obwohl beide Nichtraucher waren. Um allerdings die Rauchdichte erklären zu können, die meine Kumpels und ich hinterließen, hätten allerdings vielleicht fünfzig Besucher ununterbrochen ihrem Laster frönen müssen. Obwohl wir schließlich erst fünfzehn waren, sagten meine Eltern nie etwas.

Manchmal fuhr ich mit Thomas auch in das Stadtzentrum, kurz „die Stadt“ genannt. Meistens suchten wir uns dafür den Donnerstag aus, da an diesem Tage die meisten Geschäfte beliefert wurden. Dabei waren wir immer auf der Suche nach Lizenzplatten, Musikkassetten, verchromten Knöpfen für unsere Radios oder Rekorder und tausend anderen Dingen. Mit unseren bescheidenen Finanzen mussten wir natürlich aushalten, denn so üppig war das Taschengeld wahrlich nicht, obwohl wir das Budget durch Schrottsammeln und irgendwelche Tauschgeschäfte ständig aufbesserten. Manchmal sparten wir auch in einer Art Wettbewerb. Beide wollten wir eine ausziehbare Angelrute (Teleskoprute) haben, die damals recht teuer war. Wir spornten uns gegenseitig an, um das notwendige Geld dafür zusammenzubekommen. So, wie wir es auch bei der ersten Armbanduhr mit Stoppfunktion taten. Als endlich der Tag gekommen war, um das begehrte Teil zu kaufen, konnten wir kaum erwarten, damit nach Hause zu kommen. Ausgiebig wurde dann alles begutachtet und wir waren furchtbar stolz auf unsere Errungenschaften. Noch in der Stadt suchten wir aber immer nach erfolgreichem Einkauf den „Imbiss“ unweit der Sparkasse auf. Am Stehtisch verzehrten wir den wohlschmeckenden Kartoffelsalat mit Bockwurst und tranken „Cola-Gold“ dazu.

Die vielen kleineren und größeren Läden in der Innenstadt wären ein eigenes Buch wert. So möchte ich nur einige wenige davon erwähnen und zwar jene, die wir am häufigsten besuchten:

„Musiktruhe“ (Platten und Instrumente), “Radio-Walther“, „SPOWA“(Sportartikel), “Kaufhaus Strentzsch“ am Markt, Kaufhaus „Magnet“ (hier meist die Abteilung Jugendmode), „Modellbahnladen Prokubek“ in der Schlossstraße, „Kimstädt“, „RFT-Laden“, „Früh und Spät“ am Markt“ (F6 , alte Juwel und Gummibären für 10 Pfennig), „Das Gute Buch“, die „Pinguin- Eisbar“, den „Intershop“(zum Gaffen) viele andere. Auch Schreibwarenläden suchten wir häufig auf, immer auf der Suche nach etwas Neuem und auch den begehrten „Filzstiften“. Ein etwas besonderer Laden aus dieser Gattung befand sich in der Schlossstraße. Beim Betreten des kleinen Verkaufsraumes fiel sofort eine kolossale Unordnung auf. Überall und scheinbar ohne ersichtliches System stand oder lag etwas herum. Große Papier- und Kartenhaufen waren zu bedenklich wackelnden Stapeln geschichtet. Erleuchtet oder besser verdunkelt wurde die merkwürdige Szenerie von einer leistungsschwachen 25-Watt-Birne, die ohne Fassung traurig von der Decke baumelte. Noch bemerkenswerter waren die beiden Verkäufer und Besitzer. Es waren Vater und Sohn und beide schienen aus einer ganz anderen Zeit zu stammen. Der Vater war schon sehr alt und trug eine Art Verkaufsschürze, ein Hemd mit Ärmelhaltern und als Krönung einen Sonnenschirm mit Gummiband auf der Stirn. Letzteres wahrscheinlich, um sich vor der gleißenden Helligkeit seiner 25-Watt-Birne zu schützen. Zusammen mit dem rundlichen Gesicht ließ mich seine Erscheinung irgendwie immer an „Arthur, den Engel" denken. Der sich auch schon im fortgeschrittenen Alter befindliche Sohn trug zumeist einen abgetragenen schwarzen Anzug mit altem Schnitt. Zudem grinste er ständig über das unrasierte Gesicht. Beide waren nett und freundlich, aber besonders der Sohn befleißigte sich des Öfteren eines seltsamen Verkaufsgebarens. Kaufte man einen Schreibblock bei ihm, blätterte er jede einzelne Seite mit der Bemerkung vor: „Alles kariert, von vorn bis hinten!" und grinste noch mehr. Auch einen Radiergummi führte er vor, indem er einen zuvor gezogenen Bleistiftstrich entfernte.

In der DDR brauchte man zu einer bestimmten Zeit Busmarken, um diese damals sehr wichtige Verkehrsmittel nutzen zu können. Verkauft wurden die Marken in bestimmten Läden. Diese Marken brauchte ich eines Tages sehr dringend und stürmte atemlos in den Papierladen. Auf meine diesbezügliche Frage bekam ich die Antwort: „Nein, wir haben nur Karten für die U-Bahn!" Dazu ließ er noch ein „Hi, hi" hören. Wütend verließ ich den dunklen Verschlag wieder.

Und doch wurde dieser Laden von vielen Wittenbergern aufgesucht, denn ausgerechnet hier gab es vieles, was woanders nicht zu bekommen war! Ob bestimmte Postkarten oder Schreibmaterial, den begehrten Artikel zu bekommen, war oft nur hier möglich. Ich denke, viele suchten den kleinen Laden auch wegen der Exotik seiner Besitzer auf.

Mit dieser Schilderung möchte ich die kleine Aufzählung beenden. Die meisten Wittenberger werden die aufgeführten Läden kennen, von denen außer „Kimstädt" kaum noch einer existiert.

Auf alle Fälle war es auch bei diesen Stadtbesuchen hilfreich, über einen fahrbaren Untersatz zu verfügen, denn um so schneller waren wir in der Stadt.

Übrigens hatten auch meine beiden Kumpel-Brüder jeweils ein Moped bekommen. Dabei zeigte sich der ansonsten gestrenge Vater überaus großzügig.

Pünktlich zum 15. Geburtstag des jüngeren der beiden standen zwei nagelneue „Simson S 50"auf dem Hof und glänzten in der Sonne. Gegenüber dem „Star" waren diese Mopeds irgendwie agiler und fuhren sich schon wie ein kleines Motorrad. Ich staune übrigens über die Renaissance und die damit verbundenen Preise, die diese Fahrzeuge gegenwärtig erzielen. Damals betrug der Preis für ein solches Moped stolze 1.510 DDR-Mark. Außerdem waren diese Mopeds auch schwer zu bekommen. Der Vater musste wahrscheinlich alle Beziehungen spielen lassen und hatte tief in die Tasche gegriffen.

Zu seiner ersten größeren Ausfahrt nahm mich der jüngere der beiden Brüder freundlicherweise auf dem Rücksitz mit. Allerdings betonte er ständig, dass ein Moped eigentlich „solo" eingefahren werden müsse und er mich nur aus „Freundschaftsgründen" mitnehme. Er trug einen etwas seltsam aussehenden Helm und meine Fantasie versah das edle Teil immer mit zwei großen Plasteohren. Zusammen mit seiner Stimme hätte das meinen Kumpel eine erstaunliche Ähnlichkeit mit einer Micky-Maus verliehen. Laut äußerte ich diese Vorstellungen allerdings nicht, sonst hätte ich wahrscheinlich laufen müssen.

So kamen wir zur alten Elbbrücke. Da an dieser Stelle damals mehrere Straßen kreuzten, wurde der Verkehr manchmal von einem Polizisten per Hand geregelt.

Prompt fuhr mein Kumpel verkehrt, weil er die gegebenen Zeichen falsch oder gar nicht interpretierte, und hinter uns ertönte ein lauter Pfiff aus der Trillerpfeife. Wir blieben stehen und der wackere Verkehrspolizist kam auf uns zu.

„Sagen Sie mal, kennen Sie nicht die Regel Brust und Rücken – Bremse drücken?“, fragte er.

Darauf antwortete die Micky-Maus-Stimme: „Ach was, Seite hin, Seite her – weiter geht’s mit dem Verkehr!“

Ich glaube, dem Gesetzeshüter hob sich wegen der unverschämten, aber sehr originellen Antwort ein Stück weit die Uniformmütze, während die Augen ungläubig starrten. Dann fasste er sich endlich und verlangte lautstark die Papiere. Die Stempelkarte der Fahrerlaubnis wurde mit zwei hübschen Stempeln versehen. Damals besaß jeder Fahrerlaubnisinhaber eine solche Karte. Je nach Vergehen wurde diese Karte dann gestempelt. Waren sechs von den schönen Siegeln dann gesammelt, durfte die Fahrerlaubnis abgegeben werden. Wahrscheinlich wäre der ganze Vorfall mit einer Ermahnung abgegangen, aber die geniale Antwort war dann doch zu viel.

Ich fiel vor Lachen fast vom Rücksitz, als wir weiterfuhren. Nur „Micky-Maus“ fand es nicht ganz so lustig, obwohl ich pausenlos seine dichterischen Talente lobte.

Auch zur Disco wurde oft mit dem Moped gefahren, falls diese in weiterer Entfernung stattfand. Dies war z. B. beim „Freischütz“ in Pratau oder dem „Chicago“ in Apollensdorf-Nord der Fall.

Näher lagen da schon der „Club“ (Arbeiterjugendclub „Victor Jara“ in Piesteritz), der Schuppen “am Wittenberger Schloss“ oder das „Kürschner“ (Kulturhaus „Hermann-Kürschner in Kleinwittenberg, Träger „VEB Wittol“). Dort gingen wir zu Fuß hin, vorzugsweise ins „Kürschner“.

Am Einlass der Discos im Kürschner versah oft eine ältere Dame den Einlassdienst. Sie wohnte unweit der Christuskirche. Dort ging sie oft im Dunkeln spazieren und trug dabei seltsamerweise immer eine Sonnenbrille. Vielleicht war sie augenkrank oder wollte trotz Dunkelheit noch weniger von der Welt sehen. Meinen Kumpel und mich erkannte sie auf einem ihrer abendlichen Spaziergänge trotzdem und meinte zu uns: „Wärt ihr mal lieber ins Kürschner“ gekommen, ich hätte euch auch so reingelassen. Aber immer die vielen Argentinier dort!“

Mein Kumpel versuchte zu verbessern: „Sie meinen Algerier!“

„Ach, ist doch egal“, winkte die alte Dame ab und lief weiter. Sie hatte aber etwas angesprochen, das von einem bestimmten Zeitpunkt an zu einem Problem im „Kürschner“, aber auch im „Gorki“ und an anderen Orten werden sollte.

Schlägereien im „Kürschner“ und das Wirken der sowjetischen Besatzungsmacht

Zum Aufbau des Nordwerkes holte die DDR ausländische Arbeitskräfte in das Land. Darunter waren auch Bürger Algeriens. Viele besuchten in ihrer Freizeit natürlich die diversen Discos und waren dabei auch auf der Suche nach Mädchen. Das gefiel so manchem Einheimischen natürlich gar nicht. Außerdem trafen zwei vollkommen verschiedene Kulturkreise aufeinander und dies alles konnte zu Konflikten führen, die sich in brutalster Gewalt entluden.

So kam es auch im „Kürschner“ zu schweren Auseinandersetzungen. Ich sah, wie mit abgebrochenen, gläsernen Bierseideln aufeinander losgegangen wurde. Draußen, an der Außenseite des Gebäudes hatte jemand seinen Gegner an den Haaren des Hinterkopfes gepackt und zog dessen Gesicht am rauen Putz entlang. In diesen Situationen war es immer gut, ein paar Fluchtwege zu kennen. Als alte Kleinwittenberger kannten wir natürlich jeden Winkel ganz genau und konnten notfalls durch den am „Kürschner“ anschließenden Garten in die Grünstraße flüchten. Diese Vorfälle gab es zwar nicht immer, sie spielten aber doch in bestimmten Zeitabschnitten eine Rolle.

Natürlich wurde die „Volkspolizei“ gerufen. Oft stand aber nur deren Streifen-„Lada“ schräg gegenüber des „Kürschner“ an jener Ecke, wo sich einst der Bäcker Brauer befand. Die ansonsten so diensteifrigen „Volkspolizisten“ standen neben ihrem Fahrzeug und sahen dem Treiben fast tatenlos zu. Ob sie nicht eingreifen durften, weil die Algerier als Ausländer einen besonderen Status genossen oder ob sie aus anderen Gründen zurückgehalten wurden, entzieht sich bis heute meiner Kenntnis.

Schließlich schien nur noch eins zu helfen: Über deren Kommandantur wurde Hilfe von der Sowjetarmee angefordert, die ja auch in Wittenberg mit vielen Einheiten stets präsent war. Die Soldaten kamen dann auch umgehend auf offenen Lkws unter Führung eines Offiziers angefahren und handelten absolut kompromisslos. Sie schossen mit ihren „Kalaschnikows“ ein paarmal in die Luft und gingen dann in Schützenkette voran. Auf Menschen geschossen wurde dabei natürlich nicht, aber die hölzernen MP-Kolben wurden ohne Gnade benutzt. Irgendwann war dann Ruhe. Solche Zwischenfälle waren die Ausnahme, aber es gab sie doch. Die meisten Veranstaltungen verliefen dagegen in aller Regel friedlich.

Übrigens verfuhren die Russen mit ihren eigenen Soldaten wenig zimperlich, um nicht zu sagen brutal. Ich habe oft erlebt, wie russische Soldaten, die sich eines Vergehens schuldig gemacht hatten, behandelt wurden. Um im „Anker“ Schnaps kaufen zu können, schlugen diese bedauernswerten Geschöpfe oft den Weg durch den Hafen ein, der ja auch an eines ihrer Militärobjekte grenzte. Wurden sie dabei erwischt, kam der Kommandanturdienst und es gab furchtbare Prügel. Anschließend wurden die fast leblosen Gestalten an allen Vieren gepackt und mit Schwung auf die Ladefläche des bereitstehenden LKW geworfen. Der Aufprall auf die hölzerne Ladefläche schien sehr hart zu sein, wurde aber von den Halbbewußtlosen gar nicht mehr wahrgenommen. So eine Aktion fand sogar einmal auf unserem Hof in der Kürschner-Straße statt.

Ich sehe auch im Gedanken noch die russischen Regulierer auf verschiedenen Kreuzungen unserer Stadt stehen. Kam der Militärkonvoi nicht, standen sie oft tagelang ohne Essen und Trinken dort. Gerade die älteren DDR-Bürger hatten

Mitleid und steckten den Soldaten oft Nahrungsmittel zu. Verstohlen versteckten diese dann das Stück Brot hinter ihrem Rücken, solche Angst hatten diese vor ihren Offizieren. Kam die Kolonne dann doch, musste der Soldat auf die Ladefläche des letzten LKWs springen, der nur langsamer fuhr, aber nicht anhielt. Schaffte er das nicht, setzte die Kolonne einfach ihren Weg weiter fort.

Ich konnte auch beobachten, wie die russischen Soldaten im Winter mit freiem Oberkörper und nur in Stiefelhosen und Stiefeln zum Frühsport um den Schwanenteich getrieben wurden. Wenn einer von ihnen bei den vielen Runden langsamer wurde, trat einer der an der Seite stehenden „Starschinas" (russ. Unteroffizier) dem armen Kerl kräftig in den Hintern. Das Ganze war einfach nur abstoßend und hatte nichts mehr mit militärischem Drill zu tun, wie ich ihn später selbst erleben sollte. Mein Vater wurde an der Dessauer Straße Augenzeuge, wie in einer russischen LKW-Militärkolonne ein übermüdeter Soldat auf den vor ihm fahrenden LKW auffuhr. Der Kommandeur ließ die Kolonne halten, zog den Soldaten aus dem Fahrerhaus und versetzte ihm auf offener Straße heftige Ohrfeigen. Sein auf der hinteren Stoßstange des vorausfahrenden LKW festhängendes Fahrzeug wurde dort belassen und der Konvoi setzte sich einfach in Bewegung. Der junge Soldat musste so eine beträchtliche Strecke neben seinem Fahrzeug herrennen, ehe irgendwo in Piesteritz die alte Lage wiederhergestellt wurde.

Der einfache russische Soldat, der „Muschik", wie er oft genannt wurde, konnte einem nur leidtun.

Manchmal tauschten wir mit ihnen Abzeichen oder „Machorka" (Tabak). Es waren oft ganz junge Kerle, halbe Kinder noch, und hätten in ihrer Gutmütigkeit das letzte Brot mit uns geteilt. Einige von ihnen hielten diese ganze Behandlung und die weite Entfernung zu ihrer Heimat, zu ihren Familien nicht mehr aus und versuchten, zu desertieren. Wie mit diesen höchst bedauernswerten Menschen verfahren wurde, will ich lieber nicht schildern.

Natürlich gab es auch Übergriffe durch russische Soldaten auf die Zivilbevölkerung der DDR. Aus politischen Gründen wurden diese Vorfälle in der DDR meist geheim gehalten und können heute in der umfangreichen Literatur dazu nachgelesen werden. Meines Erachtens waren diese Taten, zumindest zu meiner Zeit, aber nicht die Regel, eher die Ausnahme.

Nach diesem kurzen Intermezzo kehren wir nun zurück zum „Kürschner“ und den geschilderten „Kampfsituationen“.

Es war, wie bereits erwähnt, immer hilfreich, sich aus einer brenzligen Situation schnellstmöglich zu entfernen. Dieser Rückzug konnte aber auch panisch sein, wie ich eines Samstagabends erfahren sollte, als ich gerade mit meiner Familie die „Hitparade“ schauen wollte. Plötzlich klingelte es Sturm und als mein Vater die Tür öffnete, stand der atemlose Hausverwalter Krause aus der Wohnung unter uns vor der Tür. Seine dumpfe Stimme war sowieso schon immer etwas schwer zu verstehen. Nun aber war er vollkommen außer sich und man verstand ihn fast gar nicht mehr.

Immerhin wurde dann aber doch klar, dass mein Vater und ich schnellstens mit in seine Wohnung kommen sollten. Natürlich kamen wir seinem Anliegen sofort nach und in der Küche erwartete uns eine groteske Szene, die zuerst gar nicht zu entwirren war. Vor dem Küchenfenster standen Frau Krause und Sohn Hubert und hielten mit äußerster Anstrengung einen offensichtlich wohlgenährten Mann an den Beinen fest. Dessen Oberkörper hing schon bedrohlich weit aus dem Fenster. Die Fallhöhe war nicht besonders groß, aber bei einem Sturz auf das Hofpflaster oder die Steinplatten des abgedeckten Hofbrunnens wären trotzdem ernsthafte Kopfverletzungen zu befürchten gewesen.

Pausenlos redeten Frau Krause und Hubert auf den Mann ein, er solle doch zurückklettern. Darauf erfolgte aber außer hektischem Schlagen der Arme keine Reaktion. Also eilten mein Vater und ich nach draußen und halfen dem kopfüber hängenden Mann wieder auf die Beine. Kaum hatte der gut gekleidete Bürger Luft geholt, flüchtete er durch Kühns Garten in Richtung Hafen.

Nachdem alle erstmal kurz verschnauft hatten, erfuhren wir einen Teil der vorangegangenen Geschichte. Auch bei Krauses hatte es heftig an der Tür geklingelt. Nachdem Herr Krause geöffnet hatte, wurde er von dem Mann einfach umgerannt.

Panisch in die Küche eilend, versuchte der Eindringling aus unerfindlichen Gründen die Wohnung durch das Küchenfenster wieder zu verlassen. Den von dem Mann hervorgesprudelten Worten war für die Krauses zu entnehmen, dass der Mann im „Kürschner“ in eine der beschriebenen Situationen geraten war. Die durch die Angst hervorgerufene Panik und eine leichte Trunkenheit verursachten daher diese im wahrsten Sinne des Wortes überstürzte Flucht. Die Szenerie erinnerte mich auch immer irgendwie an die Darstellungen vom „Prager Fenstersturz“, um in vielleicht unangemessener Weise einen geschichtlichen Vergleich zu bemühen.

Trotz allem bleiben mir die Discos, vor allen Dingen im „Kürschner“, in angenehmer Erinnerung.

„Besondere“ Wittenberger Kneipen

An dieser Stelle möchte ich, da es vielleicht zum Bereich Gaststätten/Unterhaltung und somit auch zu unseren Discobesuchen passt, nochmals etwas abschweifen.

Einer meiner Freunde und ich kamen nämlich eines Tages auf die phänomenale Idee, mindestens einmal jede Wittenberger Gaststätte aufzusuchen (und das waren zu jener Zeit eine ganze Menge!) und dort „soziologische Studien“ zu betreiben. Was wir dabei erlebten und was unsere „Studien“ dann offenbarten, sollte das Thema eines eigenen Buches sein.

Daher möchte ich nur zwei der von uns in diesem Rahmen besuchten Lokalitäten kurz skizzieren. Beide rangierten ohne Zweifel am Ende jeder nur denkbaren „Normalitätsskala. Das in diesen Gasstätten anzutreffende Stammklientel war zumeist von gleicher Güte. Eine der Einrichtungen gepflegter Gastlichkeit befand sich in der Bürgermeisterstraße und nannte sich „Zur Granate“. Dieser Name stammte noch aus einer Zeit, als Wittenberg Garnisonsstadt war. Auf alten Postkarten ist auch noch ein Schildhaus mit Posten vor dem Lokal zu erkennen. Jetzt stand man vor einem heruntergekommenen Häuschen. Auch das ganze Gebäudeensemble ringsum war prächtig dazu angetan, für eine insgesamt recht gruselige Atmosphäre zu sorgen.

Gleich neben der Kneipe befand sich das Sarglager des bekannten Wittenberger Bestattungsunternehmens „Ferdinand Schach“. Auch das Lazarett der Sowjetarmee auf dem heutigen Arsenalplatz war nicht weit entfernt und mit einem in typischem „Russengrün“ gestrichenen Holzzaun versehen. Zur ebenso gruseligen Scharrenstraße hin befand sich ein Postenturm. Nebelschwaden zogen an der nackten Glühbirne des Postenturms vorüber und schemenhaft war der russische Posten mit der „Kalaschnikow“zu erahnen. Stets war auch das Bajonett auf die Maschinenpistole aufgepflanzt. Irgendwie war immer die Vorstellung präsent, der Posten könnte vielleicht durchdrehen und schießen.

Nicht gerade bestärkt von solchen Visionen, betraten wir endlich den eigentlichen Schankraum. Wieder war niemand zu erkennen, aber nicht wegen des Nebels draußen, sondern wegen des fast undurchdringlichen Tabakqualms drinnen. Barsch erfolgte dann die Aufforderung einer Stimme aus dem „Nebel“, erst einmal stehenzubleiben und sich aufrecht an den Türrahmen zu lehnen.

Auf die vorgebrachte Frage „Warum?“ antwortete die gleiche Stimme: „Wir wollen erst mal Maß nehmen für den Sarg!“ Tatsächlich war am Rahmen ein Bandmaß angebracht, mit dessen Hilfe die Körpergröße zu ermitteln war. Auf unser stummes Entsetzen erfolgte brüllendes Gelächter aus oft ziemlich zahnlosen Mündern. Auf einer Art Diwan hockte eine erstaunlich dicke alte Vettel, welche als Wirtin fungierte und den Zahnstatus mit ihrer Kundschaft teilte. Auch sie schien sich prächtig zu amüsieren und fragte uns irgendwann: „Watt wollt ihr denn?“ Da beging mein Kumpel den schweren Ausnahmefehler, Kaffee zu bestellen. Sofort verstummten alle Gespräche und die Vettel fragte ungläubig: „Watt, Kaffee?“ Wahrscheinlich hatte noch niemand vor uns dieses Sakrileg begangen. Schließlich knallte sie aber doch zwei angeschlagene Tassen auf den Tisch. Auf der Oberfläche der undefinierbaren Flüssigkeit schwammen große Fettaugen. Wahrscheinlich hatte jemand kurz zuvor Brühe daraus getrunken. Abgewaschen wurde das edle Porzellan augenscheinlich nie. Ich selbst hegte den Verdacht, die als „Kaffee“ angebotene Flüssigkeit, hätte die famose Wirtin ihrem

Gläserspülbecken entnommen. Dessen Inhalt wurde scheinbar recht selten oder nie gewechselt und wies den gleichen Farbton wie das uns so liebenswürdig servierte Genussmittel auf. Anfangs befand sich an unserem Tisch nur ein Stuhl. Ich ging an einen Nebentisch, an dem sich ein freier Stuhl befand und fragte höflich den dort Sitzenden, ob ich diesen nehmen dürfte. Ein mit dichtem Bartgestrüpp fast zugewachsenes Gesicht blickte mir entgegen und antwortete mit einem Mund, in dem sich tatsächlich nur noch ein sichtbarer Zahn befand: „Verfatz dir!“ Verblüfft blickte ich auf das sich öffnende und vorher fast vollständig vom Bartgestrüpp verborgene schwarze Loch des Mundes mit dem einen „Ranholerzahn“ und trollte mich.

Mit unserem unverschämten Wunsch nach Kaffee hatten wir uns ziemlich unbeliebt gemacht und wiesen obendrein so gar keinen „Stallgeruch“ auf. Schließlich knallte uns die alte Vettel aber doch noch einen antiquarischen Kneipenstuhl an den Tisch und entfernte sich heftig schimpfend wegen dieses ganzen Aufwandes. Jetzt hätte nur noch der „Kriminaltango“ gefehlt und die Szenerie wäre komplett gewesen. Tatsächlich bestand ein großer Teil der Stammkunden aus ehemaligen und zukünftigen Knastis.

Als der bekannte Wittenberger Staatsanwalt R. starb, wurde in der „Granate“ ausgelassen gefeiert, hatte er doch vielen der illustren Gäste zu einem längeren Aufenthalt bei gesiebter Luft verholfen.

Mein Kumpel, der über ein ausgeprägtes Zeichentalent verfügte, hat später ein paar meisterhafte Skizzen über die von uns besuchten Lokalitäten und deren Besucher gefertigt, über die wir uns noch lange Zeit prächtig amüsierten.

Eine weitere, recht sonderbare Lokalität befand sich zu dieser Zeit in der Töpfergasse. Auch dies war ein recht ungemütlicher Ort, den ein jeder nur recht schnell durcheilen wollte. Auch hier gab es ziemlich verwahrloste Häuser, die aber teilweise recht hoch waren und eng zusammenrückten. In der mit Kopfsteinpflaster versehenen Gasse kamen unweigerlich klaustrophobische Gefühle auf. Nur ganz spärliches Licht zwischen vielen dunklen Fenstern sorgte in der Dunkelheit für höchst unbehagliche Gefühle. Kein „Fluchtweg" nach links oder rechts und an einem Ende nur der Ausweg zum noch dunkleren Gelände am Schwanenteich. Passenderweise befand sich an dieser gruseligen Gasse eine ganz spezielle Kneipe. Eine Besonderheit dieses tollen Lokals waren die „Zugangsvoraussetzungen". Einlass erhielt nur, wer einen gültigen Krankenschein vorweisen konnte. Das war natürlich keine Maßnahme der Krankenkasse. Die „Kneipenführung" hatte sich zur Umsetzung dieser innovativen Idee entschlossen, warum auch immer.

Vielleicht sollte damit ein Beitrag zur schnelleren Gesundung geleistet werden. Jedenfalls hinterließ die besagte Einschränkung beim Betrachten der Kundschaft einen etwas seltsamen Eindruck. So saßen dort Leute an den Tischen, deren Arme oder Beine mit einem Gipsverband verziert waren. Aus Gründen der Bequemlichkeit ruhte das Gipsbein dann schon mal auf einem zusätzlichen Stuhl. Auch so mancher liebe Gast, der vielleicht wegen eines Schleudertraumas die obligatorische Halskrause trug, versuchte sein Leiden mit Bier zu heilen. Die Arme waren ja schließlich noch gesund.

Das Ganze bot einen grotesken Anblick und machte sich auf den Skizzen meines Kumpels besonders gut.

Mit dieser Schilderung von zwei ganz besonderen Exemplaren Wittenberger Kneipen möchte ich meinen kurzen Streifzug aber beenden.

Es gab natürlich auch eine ganze Reihe von Beispielen für gepflegtere Gastronomie in Wittenberg. Jede einzelne Gaststätte hatte ihre Besonderheiten, besonders auch die von mir bereits beschriebenen Schifferkneipen in Kleinwittenberg. Die soeben aufgezeigten, recht drastischen Fälle sollen nur die Tatsache ihres Bestehens in jenen DDR-Jahren illustrieren. Wir hielten uns eigentlich nur recht selten in Kneipen auf, waren aber ganz gewiss auch keine Stubenhocker.

Damals wie heute las und lese ich viel, Bücher bleiben immer meine große Leidenschaft. Auch Musik bleibt immer mein Begleiter. Aber wenn es an der Tür klingelte oder unten auf dem Hof einer meiner Freunde pfiff, gab es kein Halten mehr. Wir waren alle gern mit Freunden unterwegs und verbrachten viel Zeit zusammen. Da jeder auch immer gern etwas haben wollte, das ein anderer besaß, konnten wir manchmal auch stundenlange Tauschverhandlungen führen.

Was wir alles so sammelten und tauschten, möchte ich im nächsten Kapitel beschreiben.

Sammeln und Tauschen in der DDR

Generell waren Tauschgeschäfte in der DDR oft das einzige Mittel, um an begehrte Waren oder Artikel zu kommen, egal, ob es sich nun um Ersatzteile, Baumaterialen oder sonstige Dinge handelte. Auch wir Kinder und Jugendliche tauschten und sammelten schon eifrig, wobei die Objekte je nach Alter natürlich unterschiedlich waren. Auch stand in dieser Phase natürlich noch der Spaß beim Sammeln und Tauschen (von uns auch „Kaupeln“ genannt) eindeutig im Vordergrund.

In der Regel waren Dinge, die aus dem „Westen“ kamen, stets rar und daher auch immer besonders begehrt.

Als „Stift“ sammelte zumindest jeder Junge wahrscheinlich irgendwann Briefmarken. Die besten Exemplare befanden sich oft auf Briefen und Postkarten aus dem Ausland. Vorsichtig lösten wir dann über Wasserdampf die Marken und legten sie zum Trocknen auf irgendeinen Topfrand. Die sich einrollenden Exemplare wurden nachfolgend sorgfältig geglättet. Anschließend landete der Neuerwerb in einem kleinen Album. Auch Postkarten wurden gesammelt. Natürlich war es immer schwierig, entsprechende Karten und Briefe zu bekommen, denn so viele Kontakte in das Ausland hatte ja kaum jemand. Das wäre auch für die Genossen der Staatssicherheit, die selbstverständlich auch den Postverkehr überwachten, höchst verdächtig gewesen.

Immerhin gab es auch in der DDR sehr schöne Briefmarken, nicht nur die überall präsenten Marken mit dem Konterfei des Staatsratsvorsitzenden Ulbricht darauf. Komplette Sätze waren aber schwer zu bekommen, da hierzu auch die sogenannten Sperrmarken gehörten. Diese waren nur zu erwerben, wenn die Mitgliedschaft im „Philatelisten-Verband der DDR“ mit einem Ausweis nachgewiesen werden konnte.

Besser hatte es schon Nachbarsjunge Hubert, dessen Mutter auf dem Kleinwittenberger Postamt arbeitete und daher leicht an alle Marken kam. Oft durfte ich in seinem Album blättern und bewunderte besonders die Briefmarken in Dreieck-Form.

In noch jüngerem Alter tauschten wir auch gern die begehrten Glasmurmeln und auch „Gummi-Indianers". Kaugummibilder mit „Fix und Foxi", „Donald Duck" oder von Spielern der Bundesliga waren ebenfalls begehrte Tauschobjekte. Da „Westkaugummi" natürlich ebenso begehrt wie schwer zu bekommen war, erfreuten sich auch diese Bildchen immer einer gewissen Rarität.

Einige von uns hatten auch noch das Inflationsgeld der zwanziger Jahre in ihrem Fundus. Diese einseitig bedruckten Scheine waren z. B. mit „Eine Milliarde Reichsmark" beziffert. Das war für uns Steppkes eine schier unvorstellbare Summe, für die zu jener Zeit aber kaum ein Brot bezahlt werden konnte. Vielleicht wird dieses Geld bald wieder gebraucht, denke ich mir beim Schreiben dieser Zeilen.

Einen Anlass für stundenlange Tauschgespräche bildeten die „Matchbox"-Autos. Diese wunderschönen, kleinen Metalldruckgussmodelle in ihren leuchtenden Farben übten, so glaube ich, eine ungeheure Faszination auf ganze Generationen von Kindern in der ganzen Welt aus. Wie oft hatten wir uns im „Intershop" die Augen an der Glasvitrine verblitzt, in der die neuesten Modelle mit ihren Boxen standen. Da selten einer von uns über die 1, 25 D-Mark zum Erwerb eines Modells verfügte, wurden wir nach der uns zugebilligten kurzen „Gaffzeit" aus dem Laden geworfen. Manchmal klappte es aber doch und jemand verfügte über etwas „Westgeld" oder kam über ein „Westpaket" an die begehrten „Matchies". Auch Besuch aus dem „kapitalistischen Ausland" konnte mit etwas Glück für den Betreffenden zum „Lieferanten“ werden. Für jene wie mich, die dieses Glück nicht hatten, blieb nur das „Kaupeln“.

Ich weiß nicht mehr, was ich alles bot, aber irgendwann verfügte auch ich über drei „Superfast“-Modelle von „Lesney“ aus England. Damit besuchte ich meinen Freund Thomas, der ebenfalls ein paar „Matchies“ besaß. Gemeinsam spielten wir im Flur der Wohnung und begeisterten uns über den leichten Lauf und die Federung der Modelle. Damit auch ja kein Schaden an den Autos entstand, drapierten wir alle Scheuerleisten sorgfältig mit Kissen. Irgendwann fiel mein Blick dann in seinem Kinderzimmer auf jenen Schrank, in der Thomas seine Bücher und Spielsachen aufbewahrte. Hinter einer Glasscheibe stand dort tatsächlich ein nagelneues „King Size“-Modell in seiner Originalverpackung mit Sichtfenster. Es war ein Rennwagen, ganz in glänzendem Gelb gehalten und mit zahlreichen Aufklebern versehen. „King Size“ war übrigens war übrigens die größere Variante der normalen „Matchbox“-Autos und wurde ebenfalls von „Lesney“ in England hergestellt. Stolz grinsend stand mein Kumpel neben mir und für mich war nur eines klar: Dieses Ding muss ich haben!

Auf der Stelle begannen die langwierigen Verhandlungen und zum Schluss hatte ich das „King Size“-Modell und Thomas meine drei kleineren „Matchies“.

Schnell eilte ich nach Hause und stellte das gute Stück sorgfältig zwischen meine Armeefahrzeugmodelle aus der DDR (ESPEWE) zur Schau, natürlich ebenfalls hinter Glas. Lange konnte ich dem Genuss dieses Anblickes allerdings nicht frönen. Am Abend klingelte es und vor der Tür stand Thomas mit seiner attraktiven Mutter, die den Tausch schnellstens rückgängig machte. Nun ja, wenigstens ein paar Stunden war ich stolzer Besitzer des Renners gewesen!

Später befanden wir uns ständig auf der Jagd nach „BRAVO“-Postern. Diese selbstverständlich wieder nur im Westen verkaufte Jugendzeitschrift war als vollständiges und unbeschädigtes Heft in der DDR ganz schwer zu bekommen. Ähnlich wie bei anderen Druckerzeugnissen aus dem „Nichtsozialistischen Währungsgebiet“ wurde in Paketen und Besuchern aus dem Westen ständig kontrolliert und bei Entdeckung konnte es richtig Ärger geben. Das galt übrigens auch für das Einführen von Tonträgern. Die verbotenen Erzeugnisse wurden natürlich sofort eingezogen.

Auch Rentnern, die in die BRD reisen durften und beim Schmuggeln der „Konterbande“ erwischt wurden, drohte das Gleiche. Selbst beim Umweg über Polen und Ungarn konnten Probleme dieser Art auftreten.

In dieser Hinsicht wiesen alle DDR-Führungen paranoide Züge auf und hatten stets Angst vor „ideologischer Diversion durch den Klassenfeind“.

Umso wertvoller war daher schon der Besitz wenigstens des Mittelbildes aus der „BRAVO“, auf dem die damals angesagten Sänger und Gruppen zu sehen waren. Diese „BRAVO“-Poster gab es auch zum Sammeln von Einzelbildern, aus denen dann das entsprechende Idol in Lebensgröße zusammengesetzt werden konnte. Für ein Poster in Normalgröße mussten schon, je nach Beliebtheit der abgebildeten Gruppen oder Sänger, mindestens zwanzig DDR-Mark in unserem internen Tauschhandel bezahlt werden. Das war für uns Jugendliche schon sehr viel Geld. So tauschten wir möglichst Poster gegen Poster, das heißt, wenn man denn selbst welche besaß. Da jeder für etwas anderes Besonders schwärmte, war ein Tausch daher manchmal möglich. Jedenfalls zierten irgendwann fast alle meine Lieblinge die Wand meines Zimmers, von „ABBA“ bis „Uriah Heep“.

Es war auch allgemein bekannt, dass ich ein Fan der „Beatles“ war und sehr gern ein Poster von der Gruppe gehabt hätte. So tauchten eines Tages zwei merkwürdige Gestalten bei mir in der Kürschnerstraße auf. Sie kamen auf einem „S 50“-Moped um die Ecke an der Elbe her gebraust und trugen auch diese lustigen Micky-Maus-Helme. Beide sahen noch so richtig aus wie Kinder, die aber mächtig erwachsen wirken wollen. Allerdings konnten sie ihre Kinderstimmen nicht ganz verbergen, mussten allerdings immerhin schon 15 sein, um Moped fahren zu dürfen. Die Kleidung flatterte um ihre dünnen Kinderkörper und um das Bild abzurunden, verfügte einer der beiden auch noch über einen gewaltigen Überbiss. Dieser zog nun mit großer Geste ein Blatt Papier unter seiner Jacke hervor und hielt es mir vor die Nase. Darauf waren vier Köpfe gezeichnet, welche laut Bildüberschrift die „Beatles“ sein sollten. Allerdings war eine Ähnlichkeit mit den Mitgliedern der Gruppe auch bei größter Fantasie nicht zu erkennen. Stolz erklärte mir dann „Überbiss“ auch noch, er wäre ein anerkanntes Zeichentalent. Auf meine Frage, was er denn für das abstrakte Werk wolle, kam der Vorschlag: „Zwanzig? (DDR-Mark).“ In mein ungläubiges Gesicht blickend bot seine Kinderstimme dann noch an: „Sechzehn?“ Als dann von mir immer noch keine Reaktion erfolgte, weil ich den Anblick erstmal verdauen musste, gab er der anderen Micky-Maus beleidigt die Anweisung: „Ach, komm, wir fahren!“ Und schon waren die beiden verschwunden.

Ein weiteres begehrtes Sammelobjekt erscheint mir heute mit dem Abstand der Jahre sehr skurril. Getränkedosen aller

Art aus dem Westen waren damals das begehrte Ziel vieler Sammler. Als Kinder hatten wir im Schwimmbad Piesteritz immer darauf gelauert, ob einer der japanischen Arbeiter eine leere Coladose in die Müllbehälter warf. In dieser Zeit halfen die Japaner beim Aufbau des Nordteils der Stickstoffwerke Piesteritz. Sie verfügten natürlich über Devisen und saßen mit ihren deutschen Freundinnen bevorzugt auf der Wiese neben der Uhr. Natürlich wussten sie um ihren Sonderstatus und wir Steppkes starrten bewundernd auf die „Pepsi-Cola"-Dosen und die riesigen japanischen Ghetto-Blaster. Die deutschen Mädels hatten für uns natürlich nur ein mitleidiges Lächeln übrig.

Jahre später, aber ebenfalls in den Siebzigern, betrat ich zum ersten Mal jenes Haus im alten Kleinwittenberg, in dem einer meiner Freunde mit seinen Eltern wohnte. In der Küche bekam ich große Augen. Ein beträchtlicher Teil der Wände war mit sorgfältig gefertigten Regalen versehen, in denen ebenso sorgfältig eine unübersehbare Zahl an leeren Getränkedosen einsortiert war. Mich begeisterte das Metallic-Blau der Coladosen und überhaupt das ganze Ensemble.

Aus heutiger Sicht scheint diese Sammelleidenschaft für Dinge, die unsere westlichen Mitbürger verständlicherweise als Abfall betrachteten, kaum nachvollziehbar und ist wohl nur im zeitlichen Kontext zu verstehen. So mancher meiner Freunde, der über nur wenige von diesen Dosen verfügte, ließ seine wertvollen Exemplare, dann an einer Angelschnur befestigt, von der Decke seines Zimmers hängen. Diese geniale Anordnung bot mit den oft dazwischen hängenden Flugzeugmodellen aus Kunststoff einen etwas seltsamen Anblick. Der Freude des „Innenarchitekten" tat es dagegen keinen Abbruch. Da sich das dünne Dosenblech hervorragend schneiden ließ, bastelten sich auch die Mädchen gern Ohrringe aus dem metallisch glänzenden Material und erbrachten somit einen nochmaligen Beweis für die kreative Weiterverwendungsmöglichkeit von Abfall.

Ebenso gern wurden leere Kaffeedosen mit historischen Stadtansichten von Hamburg oder Bremen auf so manchem ostdeutschen Küchenschrank ausgestellt.

Etwas merkwürdig war auch die Gewohnheit, einen Brocken Siliziumkarbid in die Schrankwand hinter Glas zu stellen. Der Brocken glitzerte zwar schön, zerfiel aber nach und nach.

Getauscht oder aber auch abgekauft wurden natürlich auch Schallplatten, vorzugsweise aus dem „kapitalistischen Ausland", oder auch die raren Lizenzplatten aus der DDR. Das Gleiche galt auch für Musikkassetten westlicher Herkunft, ob bespielt oder unbespielt. Mit meinem Freund Thomas habe ich einmal tagelang verhandelt, weil ich unbedingt seine blaue Leerkassette von „BASF" haben wollte. Diese Kassette hatte die sagenhafte Spieldauer von 120 Minuten, während die Standardexemplare nur 60 Minuten liefen. Irgendwann hatte ich die Kassette, ich weiß nicht mehr, was ich meinem Freund dafür alles bot. Auch seine Mutter kam uns nicht mehr dazwischen, denn jetzt waren wir ja schließlich schon etwas älter und in bestimmten Umfang „geschäftsfähig".

Gesammelt und getauscht wurden auch jede Art von Romanheften aus der BRD, ob „Jerry Cotton", „Silber-Western", „Butler Parker" etc. oder Liebesromane. Auch hier war es aus o.g. Gründen schwierig, an ein gut erhaltenes Exemplar mit Deckblatt zu kommen. In der DDR galten alle diese westlichen Erzeugnisse als „Schund- und Schmutzliteratur".

Immerhin sammelten ich und viele andere auch manches DDR-Erzeugnis. Hervorragend war immer das „Mosaik“ von Hannes Hegen. Ich staune heute noch, dass dieses „Comic“-Heft überhaupt in der DDR erscheinen konnte, denn die Handlungen darin spielten in der ganzen Welt und in verschiedenen Epochen. Auch die „Blaulicht“-Krimihefte für 25- und 45 DDR-Pfennig sammelte ich, ebenso wie die Bücher mit den gezeichneten Witzen des genialen Karikaturisten „Epper“ (eigenlich „Epperlein“). In der Freitagsbeilage der Tageszeitung „Freiheit“ befand sich freitags immer eine Beilage namens „Blick“. Die letzte Seite davon war stets mit diesen Zeichnungen versehen. Viele schnitten diese Seiten aus und sammelten sie. Ich war auch ständig auf der Jagd nach Büchern. Davon gab es in der DDR erstaunlich gute, aber aufgrund von permanenten Material- und Produktionsengpässen immer zu wenige. Als Jugendliche waren Thomas und ich besonders auf der Suche nach Büchern aus der „Spannend erzählt“-Reihe und sprachen begeistert über den Inhalt, wenn wir mal wieder eins davon bekamen.

Die Reihe unserer Tausch- und Sammelobjekte könnte noch beliebig fortgesetzt werden, aber ich denke, eine für jene Zeit typische Auswahl getroffen zu haben.

So tauschten und „kaupelten“ wir uns durch unsere Jugend und bildeten somit ein Spiegelbild der Erwachsenenwelt, in der ja auch ständig irgendwelche Tauschgeschäfte getätigt wurden. Hintergrund war auch hier der ständige Mangel an bestimmten Produkten oder deren gänzliche Nichtverfügbarkeit. Als Kinder oder Jugendliche machte uns das Handeln sogar Spaß. Oft träumte man vom Objekt der Begierde und war so stolz, wenn das „Geschäft“ dann wirklich klappte.

Natürlich war der Wert der Dinge, die wir da tauschten, nicht wirklich groß. Das Zusammensein mit Gleichaltrigen und der Spaß dabei waren uns mindestens genauso wichtig wie das Tauschobjekt selbst.

Versorgung und Verkaufskultur in der DDR

Die nachfolgenden Betrachtungen sollen keine eingehende Analyse der Volkswirtschaft der DDR und ihres Handels darstellen, sondern lediglich aufzeigen, wie ich, neben vielen anderen, die Auswirkungen erlebte und was wir damals und später darüber dachten.

Grundsätzlich war die Versorgungslage in der DDR stets von gewissen Mängeln geprägt. Natürlich musste nicht gehungert werden, Lebensmittel waren immer reichlich vorhanden. Der Staat DDR subventionierte dabei so ziemlich alles, was zum täglichen Leben notwendig war. Das betraf nicht nur Lebensmittel, sondern auch Bus- und Bahnfahrten, Schul- und Betriebsessen, Kindergärten, Wohnungsmieten und viele Dinge mehr. Dabei wurde die Qualität des Essens, gerade auch in Schulen und Betrieben, streng überwacht. Sogar Partei und Gewerkschaft hatten stets ein offenes Ohr für Beschwerden auf diesem Gebiet, mussten doch die „Werktätigen" wenigstens durch gutes Essen bei Laune gehalten werden. Ich persönlich konnte mich nie über das Essen in Schule und Betrieb beschweren. Dabei hatte aber dieser hochsubventionierte Verbrauch durchaus auch Kehrseiten. Die sogenannte „Zweite Lohntüte" wurde als selbstverständlich hingenommen und somit nicht mehr entsprechend gewertet oder gewürdigt. Die im Verhältnis zum einheitlichen Verbraucherpreis (EVP) viel höheren Herstellungskosten trugen meines Erachtens nach mit zur wirtschaftlichen Schieflage der DDR bei. Das Verfüttern von frischem Brot und Brötchen an allerlei Nutztiere durch Privatbesitzer war eine groteske Nebenerscheinung dieser staatlich gestützten Niedrigpreise. Auch führten die natürlich nicht kostendeckenden, sondern eher symbolischen Mieten zu nur geringen Mitteln für die Instandhaltung der Wohnungen und Häuser. Gerade die Altbausubstanz verkam allmählich. Viel lieber wurden dann auf der grünen Wiese die seelenlosen Betonblöcke ohne adäquate Infrastruktur errichtet. Auch hier blieben die Mieten relativ niedrig und für viele war so eine Neubauwohnung eine echte Verbesserung ihrer Wohnverhältnisse. Auch konnte niemand seine Wohnung so einfach gekündigt bekommen. Dieses war eine Sicherheit, die so mancher „Ossi" erst nach der Wende so richtig schätzten lernte.

Vieles wirkte sich durchaus positiv auf das Leben der Menschen in der DDR aus, wurde aber oft nicht mehr wahrgenommen. Zudem war das Ganze vom Staat teuer erkauft und begann augenscheinlich zunehmend, die wirtschaftlichen Möglichkeiten der DDR zu überfordern. Überaus teuer und oft auch schwer zu bekommen waren bestimmte Konsumgüter. Das galt für Fernsehapparate, Waschmaschinen, Schreibmaschinen oder Tonbandgeräte und viele Dinge mehr. Die Wartezeiten für einen PKW waren exorbitant und betrugen nicht selten 10-16 Jahre.

Auch musste lange gespart werden, um sich beispielsweise einen Farbfernseher für über 6000 DDR-Mark leisten zu können. Meine ersten Lohnzahlungen bewegten sich um die 500 DDR-Mark. Den Rest mag man sich ausrechnen. Der Stolz war allerdings umso größer, wenn es gelungen war, Besitzer eines solchen Teils zu werden. Es wurde gehegt und gepflegt. Wahrscheinlich ist es immer so, dass man nur Solches wirklich schätzt, für das hart gearbeitet oder schwer gerungen werden muss.

Auch seitens der Produzenten wurde großer Wert auf Langlebigkeit ihrer Produkte gelegt. Viele der Mixer, Küchengeräte, Radios und Mopeds laufen nach Jahrzehnten heute noch. Die Wegwerfgesellschaft späterer Zeiten gab es in der DDR nicht und auch nicht das Streben der heutigen Produzenten nach möglichst kurzer Laufzeit, um alsbald Neues verkaufen zu können. Im Hinblick auf Umwelt und zunehmend knapper werdende Rohstoffen würde die erstgenannte Produktphilosophie auch in der Gegenwart durchaus Sinn machen.

In der DDR wurde es auch zunehmend schwieriger, die „Tausend kleinen Dinge“ des täglichen Bedarfs zu erwerben. Ob Glühbirne für das Fahrradrücklicht, Holzklammern für die Wäsche, Weihnachtsbaumbeleuchtung oder viele andere Dinge – oft waren viele Gänge in die einschlägigen Fachgeschäfte nötig, um mit etwas Glück das Gewünschte zu bekommen. Der Tausch- und Schwarzhandel gedieh prächtig und ganz glücklich konnte sich schätzen, wer Westgeld, Beziehungen oder gar beides hatte.

Dabei war der Umfang des Warenangebotes in der DDR in den Jahren ihres Bestehens durchaus nicht immer gleich. Sicherlich spielte dabei auch die in bestimmten Grenzen variierende Wirtschaftspolitik unter Ulbricht und Honecker eine gewisse Rolle. Die Versuche Ulbrichts in den sechziger Jahren, eine „Neue Ökonomische Politik“(NÖP) einzuführen, wurden später wieder abgebrochen.

Ich kann mich noch gut daran erinnern, als Kind in den sechziger Jahren ein größeres Angebot an bestimmten Waren gesehen zu haben als späterhin. So lagen beispielsweise schon mal Kokosnüsse, Ananas oder vielfarbige Lutscher in den Läden, alles Waren, die in den Folgejahren einfach aus dem Angebot verschwanden. Die Anfang der siebziger Jahre auf Druck der damaligen Sowjetunion einsetzende Verstaatlichungswelle hatte meiner Meinung nach ebenfalls einen negativen Einfluss. Viele kleine Betriebe, Gaststätten, Cafés und Läden waren davon betroffen. Die privaten Besitzer mussten froh sein, wenn sie als „Staatlicher Leiter“ in ihren nun dem Staat DDR gehörenden Betrieb verbleiben durften, viele wurden gleich von ihrem nun ehemaligen Eigentum entfernt.

Privates Engagement war in der sozialistischen Lehre in diesen Bereichen nicht vorgesehen. Alles sollte in Staatshand sein. Das war ein schwerer Fehler, denn jahrzehntelange Erfahrung, Fachwissen und private Initiative gingen dabei oft verloren. Gerade die Kleinbetriebe produzierten viele der sogenannten Konsumgüter in guter Qualität. Es ist nach der Verstaatlichung nur sehr selten gelungen, den vorherigen Standard zu erreichen. Das verschärfte ohne Zweifel den Mangel an bestimmten Waren. Auch die längst verstaatlichten Großbetriebe, wie z.B. die „Deutsche Reichsbahn“, bekam diese Auswirkungen zu spüren. Jahrelang konnten keine qualitativ guten Lochzangen für die Fahrkarten mehr beschafft werden, weil der Privatbetrieb, der diese Zangen viele Jahre lang einwandfrei produziert hatte, ebenfalls der genannten Welle zum Opfer fiel. Dies ist nur ein kleines, aber so typisches Beispiel. Es wurde versucht, die sich nun immer stärker aufzeigenden Versorgungsmängel durch die Verpflichtung von staatlichen Großbetrieben zur „Konsumgüterproduktion“ wenigstens teilweise zu mildern. So nötigte man beispielsweise bestimmte Reichsbahnbetriebe dazu, Hollywoodschaukeln herzustellen. Manche Chemiebetriebe sollten wiederum Campinggeschirr produzieren etc.

Da diesen Betrieben oftmals die Technologie und die Erfahrung zur Herstellung der völlig artfremden Produkte fehlte, musste vieles erst völlig neu erarbeitet werden. Insgesamt gesehen war das gesamte Vorhaben nur wenig erfolgreich und obendrein sehr teuer.

Sehr nachteilig wirkte sich auch, wie bereits erwähnt, die Verstaatlichung auf Gaststätten und Cafés aus. Viele davon verkamen und wurden manchmal sogar zu berüchtigten Spelunken.

Und ein völlig neuer Typus von Verkäufern, Kellnern und Kneipern erblickte das Licht der Welt:
Der am Umsatz völlig desinteressierte Angestellte! Da dieser nun ein staatliches Festgehalt bezog, war es etlichen Angehörigen dieser Sparten egal, wie hoch der Umsatz war. Daran änderten auch die sogenannten „ökonomischen Hebel" wie „Leistungsbezogener Zusatzlohn" oder Prämien wirklich etwas. Natürlich sind auch hier Pauschalurteile ungerecht, denn trotz allem versuchten viele der angestellten „Dienstleister", das Beste aus der Situation zu machen. Es gab aber leider immer mehr von jenen erzfaulen Kellnern, welche höchstens Westgeld aus ihrer Dauerlethargie reißen konnte. Am liebsten stellte diese Spezies „Reserviert"-Schilder auf fast jeden Tisch, auch wenn dieser gar nicht reserviert war. Natürlich musste das Laufpensum dieser „schwerbeschäftigten" Mitarbeiter auf ein ihnen genehmes Maß reduziert werden. Ähnlich verhielt es sich mit berühmten „Sie werden platziert"-Schildern am Eingangsbereich. Am liebsten sollte gar kein störender Gast erscheinen, auch damit mancher Küchenchef oder Verkaufsstellenleiter im Hinterzimmer einträglicheren Geschäften nachgehen konnte.

Viele der Verkäuferinnen und Verkäufer in jenen einschlägigen Läden, in denen manchmal rare Artikel angeboten wurden, entwickelten ein ganz eigenes Verhalten. So wurde ein Kunde oft schon beim Betreten des Ladens eingehend gemustert, ob das Gesicht passte oder dieser gar etwas Besonderes zu bieten hatte. Ob Lizenzplatte, Anorak oder Kassettenrekorder – stets hing es auch vom Wohlwollen des Verkaufspersonals ab, ob und wie viel man von den „Bückwaren“ bekam.

Autoersatzteilläden hatten aufgrund des chronischen Ersatzteilmangels in der DDR immer eine besondere Bedeutung. In Piesteritz, an der Ecke „Straße der Neuerer/Strengstraße“, befand sich in den siebziger Jahren ein Reifenladen. Als Kind, auf dem Weg zur Schule, fand ich es immer verwunderlich, in den frühen Morgenstunden so viele Leute von der Ladentür weg bis weit in die Strengstraße hinein warten zu sehen. Die Öffnungszeit der Verkaufseinrichtung war noch lange nicht erreicht und trotzdem war dieser Andrang nicht zu übersehen, der ganz sicher wieder auf der begrenzten Anzahl der zu verkaufenden Reifen basierte. Einige der Wartenden saßen praktischerweise auch auf mitgebrachten Angelhockern schon seit den Nachtstunden. Anfangs fand ich diesen gesamten Anblick immer etwas befremdlich.

Neben der Eisdiele Naumann gab es zu jener Zeit zwei Autoersatzteil-Läden. In einem davon wurden Ersatzteile für den russischen PKW „Moskwitsch“ verkauft. Im Schaufenster war oft ein riesengroßer Vergaser dieses PKW-Typs von uns zu bestaunen. Dessen schiere Größe schien schon den zu erwartenden Kraftstoffverbrauch anzudeuten. Die wirklich gesuchten Teile gab es natürlich auch nicht oder nur begrenzt. Noch schlimmer war es in dem Laden nebenan, wo es „Trabant“- und „Wartburg“-Ersatzteile gab oder, besser, meistens nicht gab. In den Nebenstraßen von Piesteritz, vor allem in der gegenüberliegenden Mühlstraße, standen oft eine Reihe von „Trabants“ oder „Wartburgs“. Allerdings waren die edlen Fahrzeuge dort nicht zum Parken abgestellt. Entweder war die Motorhaube geöffnet oder das Auto sogar aufgebockt. Die schwitzenden Besitzer bauten hier auf der

Straße die defekten Teile aus, weil es meistens nur bei dessen Rückgabe das begehrte Neuteil gab. Da niemand wusste, wann und wie lange es diese Teile gab, musste sofort gehandelt werden und es begann das fröhliche Freiluftschrauben. Wer selbst etwas zu bieten hatte oder entsprechend bekannt war, konnte diese Hürde auch schonmal umgehen und das Altteil später abgeben. Besonders günstig war es, wenn der alte Benzinhahn eines „Trabant“ abgegeben werden sollte und das Benzin ohne ihn natürlich den Tank verlassen wollte, der neue Hahn musste ja erst noch erworben werden.

Insgesamt gesehen begeben wir uns auf ein Gebiet, welches für die DDR leider so ganz typische Züge aufwies. Der Normalbürger bekam jedenfalls meistens auf seine bescheiden vorgebrachten Fragen oder Wünsche zu hören: „Ham‘ wer nich!“ („Haben wir nicht!“)

Tröstlicherweise konnte auch diese Standardantwort variieren. Als mein Kumpel am Zeitungskiosk in der Nähe des Stickstoffwerkes nach der Fernsehzeitung „FF Dabei“ fragte, lautete die prompte Antwort: „Seh‘n Se eene?“ („Sehen Sie eine?“) Das Ergebnis war freilich immer dasselbe: Viele Dinge waren schlecht zu bekommen. Um es klar zu sagen: Das Verkaufspersonal konnte auch nur das verkaufen, was es geliefert bekam, und das war bei bestimmten Waren immer zu wenig oder gar nichts. Aber beim Verkauf gerade dieser Waren erlangten Verkäuferinnen und Verkäufer natürlich eine große Bedeutung, denn oftmals entschieden sie, an wen was verkauft wurde. Das war zwar nicht rechtens, aber leider sehr oft gängige Praxis.

Diesen Umstand hatten natürlich auch viele Kunden erkannt und versuchten, durch kleine oder größere Präsente, beispielsweise zum „Frauentag“, bestimmte Verkäuferinnen etwas günstiger zu stimmen. Nicht alle von diesen konnten damit umgehen und befleißigten sich daher einer etwas abgehobenen Attitüde, um nach der politischen Wende manchmal recht unsanft zu landen, denn nun gab es ja alles. Wenigstens brauchten sie sich nun nicht mehr so oft unter den Ladentisch zu bücken, wo die begehrten Waren manchmal lagerten und daher auch als „Bückware“ tituliert wurden.

Eine besondere List ersann mein ehemaliger Chef, um in den Besitz einer der in der DDR sehr begehrten Schlagbohrmaschine „Multimax“ zu kommen. Genau um die bescheidene Anzahl der gelieferten Bohrmaschinen wissend, betrat er das Ladengeschäft und trug sein Begehren vor. Natürlich bekam er erstmal das obligatorische Kopfschütteln der Verkäuferin zu sehen. Den Kopf vertraulich ihr zuneigend brachte er nun sein Angebot vor, die Bohrmaschine „halb und halb“ bezahlen zu wollen. Die Verkäuferin dachte dabei natürlich, die eine Hälfte der Bezahlung würde in Westmark erfolgen, die andere in DDR-Mark. Flink brachte sie einen Karton mit dem begehrten Artikel zum Vorschein und machte riesige Augen, als mein Chef tatsächlich in „halb und halb“ bezahlte, aber halb in bar und halb mit Scheck. Nun gab es aber kein Zurück mehr und sie musste verkaufen. Natürlich brauchte mein Chef den Laden nie wieder zu betreten, aber wenigstens hatte er seine Bohrmaschine.

Endlos ließe sich diese Reihe fortsetzen und es geht mir auch gar nicht darum, alle Mitarbeiter des Handels der DDR in ein schlechtes Licht zu rücken. Auch sie waren nur Menschen und Teil des Systems DDR. Auch sie mussten wegen bestimmter Waren, über die sie nicht selbst verfügen konnten, handeln und tauschen. Außerdem waren viele Arbeitsbedingungen eher miserabel, die Arbeitszeiten oft sehr lang und die Bezahlung wirklich schlecht.

Die etwas „besonderen“ Läden

Um den beschriebenen Mangel an bestimmten Waren etwas zu mildern, eröffneten Anfang der achtziger Jahre bestimmte Verkaufseinrichtungen, welche ansonsten recht schwer zu bekommende Dinge anboten. Es gab zwar nicht alles, was das Herz des DDR-Bürgers begehrte und ihm zumindest aus der westlichen Werbung wohlbekannt war, aber immerhin war das Angebot wesentlich besser als in den sonstigen Verkaufseinrichtungen. Da gab es solche Dinge wie Ananas in Büchsen, Heidelbeerlikör, Pulsnitzer Lebkuchen, „Trinkfix“ und andere rare Produkte zu kaufen. Vieles davon wurde exportiert und kam sonst nur selten oder gar nicht in den DDR-Handel. Die Preise in diesen Läden waren allerdings so hoch, dass sich ein Normalverdiener nur eher selten hinein verirrte. Diese „Delikat-Läden“ oder kürzer nur „Deli“ genannten Spezialläden wurden in recht stattlicher Anzahl eröffnet, sodass mancher Wittenberger seine Heimatstadt, etwas abgewandelt vom indischen Original, „Neu-Deli“ nannte.

Ein weiteres hochpreisiges Geschäft war das „Exquisit“, auch als „Ex“ bezeichnet. Hier wurde Bekleidung angeboten. Der Preis für einen Anorak oder ein Paar Stiefel konnte dabei durchaus die Höhe eines Monatslohnes erreichen.

Ganz speziell war ohne Zweifel natürlich der „Intershop“. Am Ende der Collegienstraße gelegen, neben dem damaligen Hotel „Goldener Adler“, befand sich ein Durchgang. Durch diesen gelangte man zu jenem flachen Gebäude, in dem die Ziele so mancher Träume angeboten wurden. Hier wurden die begehrten „Westwaren“ verkauft, natürlich nur gegen „Westgeld“. Eine zweite dieser Einrichtungen befand sich noch, wenn ich mich recht erinnere, in der Mittelstraße, aber das war später und spielte zur geschilderten Zeit noch keine Rolle.

Irgendwann konnte im „Intershop“ nur noch mit „Forum-Schecks“ bezahlt werden. Dafür musste natürlich wiederum „Westgeld“ umgetauscht werden und die DDR verdiente dabei fleißig mit.

Beim Betreten des Flachbaus wusste jeder sofort, wo er war, auch mit geschlossenen Augen. Im „Intershop“ roch es immer wunderbar! Diese Mischung aus Seifen-, Parfüm -oder Waschpulvergeruch war einzigartig und sehr angenehm. Ich kann bis heute nicht wirklich die Zutaten diese Geruchsgemisches benennen, aber ich habe es immer noch in der Nase.

Hier waren sie nun aufgereiht, all jene Dinge, die aus der westlichen Fernsehwerbung oder von wenigen glücklichen Besitzern sehr bekannt waren und die jeder gern haben wollte. Je nach Alter interessierten wir uns für jeweils andere Dinge, am Anfang natürlich für Kaugummis aller Art. Ob die „Spearmint“-Streifen oder die bunten Kaugummi-Kugeln, mit denen wunderbare Blasen gelangen – wir fanden einfach alles toll! Und dann die von mir oft erwähnten „Matchbox“-Autos in der Glasvitrine und die „Sarotti“-Schokolade! Später wechselte das Interesse zu den Schallplatten von „K-tel“. Alle angesagten Gruppen und Sänger waren, auf Vinyl gepresst, zu bekommen, aber eben nur für „Westgeld“. Aber allein auch schon die Plattencover zu betrachten, machte uns Freude. In der DDR gab es zwar auch so manche Lizenzplatte davon, aber stets zu wenig und daher meist nur als „Bückware“ zu bekommen. Ein großer Wunsch von mir war es auch lange Zeit, einen „Geha“- oder „Pelikan“-Füller zu besitzen, aber leider blieb es immer nur beim Wunsch. Ein weiterer „Besitztraum“ von uns waren „Levi‘s“-oder

„Wrangler“-Jeans. Ganz wenige von meinen Freunden besaßen eine Hose oder Jacke von diesen Herstellern und wurden gnadenlos beneidet. Allein schon das lederne „Levi Strauss“-Schild an den guten Stücken faszinierte uns. Später versuchte die DDR mir ihren „Boxer“- und „Wisent“-Jeans den Trend aufzunehmen, was aber allein schon wegen der verarbeiteten Stoffe wenig erfolgreich war.

Wenn wir im „Intershop“ lange genug geglotzt hatten, ohne etwas zu kaufen, besser gesagt, kaufen zu können, wurde uns irgendwann mehr oder weniger freundlich die Tür gewiesen. Die Landung in der Welt der tristen DDR-Schaufenster geschah somit schnell und unsanft. Da half auch der manchmal ausgerufene „Wettbewerb um das schönste Schaufenster“ nicht wirklich, obwohl sich manche dabei richtig Mühe gaben. Als ich älter wurde und nicht mehr so oft zum„ Glotzen“ in den „Shop“ ging, sollen dort sogar Ersatzteile für DDR-PKWs feilgeboten worden sein. Bei vielen, die in weiter oben beschriebener Weise oft erfolglos in den entsprechenden DDR-Läden nach den begehrten Ersatzteilen anstanden, sorgte diese Tatsache natürlich für Verbitterung. Hier lag nun alles, was das Herz begehrte, konnte aber mangels vorhandener D-Mark oft nicht erworben werden. Der Devisenhunger der DDR war eben stets grenzenlos, sorgte aber auch für spürbaren Verdruss in der eigenen Bevölkerung.

Westpakete, Westbesuch und „Genex“

Wer Glück hatte, besaß Verwandte im westlichen Teil Deutschlands oder gar im sonstigen „kapitalistischen Ausland“. Diese schickten dann manchmal Pakete mit den begehrten „Westwaren“ oder verbotenerweise sogar „Westgeld“. Ich persönlich hatte dabei weniger Glück. Mein Onkel aus Bayern schickte stets Pakete, die nur preiswerte Grundnahrungsmittel wie Nudeln und dergleichen enthielten. Wahrscheinlich dachte er, wir müssten in der DDR hungern, obwohl er es durch seine Besuche eigentlich hätte besser wissen müssen. Der Bedarf an diesen Dingen jedenfalls war, wie bereits erwähnt, in der DDR stets gesichert. Nur die beschriebenen „Luxus“- oder Konsumartikel waren schwer zu bekommen, aber die bekamen wir auch von meinem Onkel nicht. Bei seinen Besuchen lobte er aber unser Essen und stellte fest, dass es öfter Fleischgerichte in der Woche gab als bei ihm zu Hause. Das hielt ihn aber nicht davon ab, uns weiterhin mit famosen Paketen zu verwöhnen. In seiner unendlichen Güte schickte er uns abgetragene Kleidung, die selbst in der nicht modeverwöhnten DDR keiner mehr trug. So durfte sich mein Cousin über eine mit Schlitz am Hintern versehene Hose und einen uralten Wintermantel mit Fischgrätenmuster freuen. Undankbar, wie er war, entsorgte er die guten Stücke unverzüglich in der Mülltonne.

Falls mein Onkel und seine Frau uns mit ihrem Besuch beehrten, ließen es sich die „Bürger der BRD“ ganz gut gehen bei uns. Immer zu diesem Anlass kochte und backte meine Mutter etwas Besonderes für ihren Bruder. Da das Angebot in der BRD, wie beschrieben, viel größer als bei uns in der DDR war, bereitete es immer große Probleme, ein passendes Abschiedsgeschenk für den erlauchten Besuch zu finden.

Also wurden überteuerte Artikel aus dem „Kunstgewerbeladen“ gekauft oder meine Mutter schenkte ein in unendlicher Fleißarbeit von ihr selbst gefertigtes großes Klöppeldeckchen. Als Gegengeschenk gab es dann schon mal ein halbes Pfund „Eduscho“-Kaffee, den sich meine Mutter auch noch mit ihrem anderen Bruder teilen musste. Ich glaube, mein Onkel war gar nicht so sehr vom Geiz befallen, es lag wohl eher an der Frau, die auch in der Ehe das Sagen hatte.

Ganz anders sahen dagegen die Pakete aus, die meine Mutter von ihrer Freundin erhielt, mit der sie in ihrer alten Heimat Komotau im Sudetenland zusammengearbeitet hatte.

Es war immer ein besonderes Ereignis, wenn ein Benachrichtigungszettel der Post im Briefkasten lag und ein Paket abgeholt werden konnte. Meistens übernahm ich diese Aufgabe, da ich als Schüler zuerst zu Hause war. Ich betrat das Kleinwittenberger Postamt, welches auch irgendwie eine ganz spezielle Atmosphäre aufwies, und grüßte mit einem schüchternen „Guten Tag“ Frau Krause hinter dem Schalter. Sie wohnte in unserem Mietshaus (siehe vorheriges Buch) und hatte mich mit ihrem gestrengen Blick sofort erfasst. Dann wandte ich mich nach links der Paketausgabe zu. Diese lag hinter einem kleinen, mit Milchglasscheiben versehenen Fenster. Nach dem Betätigen eines seitlich angebrachten schwarzen Klingelknopfes wurde die Scheibe durch eine Postangestellten geöffnet und ich konnte meinen Schein vorlegen. Im Hintergrund des anschließenden Raumes standen Unmengen von Paketen. Gespannt fragte ich mich, welches davon wohl das unsere wäre, bis ich es schließlich in der Hand hielt. Zu Hause mit der wertvollen Fracht angekommen, konnte ich es kaum erwarten, das Paket zu öffnen. Aber damit musste bis zum Abend gewartet werden, denn erst zu diesem Zeitpunkt kam meine Mutter von der Arbeit. Aber endlich war es soweit und es konnte die feierliche Zeremonie des Öffnens beginnen. Als erstes war immer der obligatorische Zettel zu sehen, auf dem der Absender die Worte zu schreiben hatte: „Geschenksendung – keine Handelsware!“ Und dann lagen die ganzen Schätze vor uns: Schokolade von „Sarotti“ und „Milka“, der begehrte Kaugummi, Kakao von „Bensdorp“, „Eduscho-Kaffee“, „Lux“-Seife und so vieles mehr. Manchmal waren sogar eine Packung Faserschreiber (Filzstifte) oder Zigaretten der Marke „HB“ („Warum denn gleich in die Luft gehen? Greife lieber zur HB!“) enthalten. Die Seife wurde ewig zwischen die Wäsche im Schrank gelegt, bis sie nach gar nichts mehr roch. Wir waren alle begeistert, nur mein Vater teilte die allgemeine Euphorie nicht. Ich glaube, er hielt dies alles für Almosen aus dem Westen, die wir gar nicht nötig hatten und schämte sich sogar ein bisschen dafür.

Wenn versucht wird, die Versorgungslage der DDR wenigstens ansatzweise und als Teil unseres damaligen Lebens darzustellen, müssen meiner Meinung nach diese Dinge ihre Erwähnung finden.

In diesem Zusammenhang steht auch die „Geschenkdienst- und Kleinexporte GmbH“, kurz auch „Genex“ genannt. Diese von der DDR gegründete Gesellschaft sollte in erster Linie Devisen erwirtschaften und vertrieb bestimmte Produkte gegen D-Mark an DDR-Bürger. Wer gut betuchte Westverwandtschaft besaß, die natürlich bezahlen musste, stand gut da. Ein großer Teil der in kleinen Katalogen angebotenen Waren wurde in der DDR hergestellt, war aber hier schwer oder erst nur nach langer Wartezeit zu bekommen. Außerdem betrug der Kaufpreis in D-Mark auch nur ein Bruchteil des in DDR-Währung zu entrichtenden Betrages.

Sogar PKWs (ohne Wartezeit!), Ersatzteile aller Art und sogar ganze Fertigteilhäuser waren zu bekommen.

Ich hatte später Kollegen, welche das Glück hatten, alle fünf Jahre über „Genex“ einen nagelneuen PKW „Lada“ von ihren Verwandten im Westen geschenkt zu bekommen. Während auf diesen PKW in der DDR ca. 15 und mehr Jahre gewartet werden musste, wurde über „Genex“ fast sofort geliefert. Der D-Mark-Preis für den sowjetischen PKW war auch äußerst moderat, während in der DDR, je nach Modell, zwischen 25.000 und 30.000 DDR-Mark zu entrichten waren. Diese Summe musste trotz der langen Wartezeit bei den erwähnten Durchschnittslöhnen erst Mal zusammengespart werden! Ohne zusätzliche Einnahmequellen war dies kaum möglich. Mein Kollege hingegen konnte seinen fünf Jahre alten „Lada“ auf dem Leipziger Automarkt verkaufen, da er über „Genex“ ja wieder einen neuen bekam. Für sage und schreibe 75.000 DDR-Mark vertickte er das gut gepflegte Gefährt. Für diese Summe bekam man in der DDR schon ein vernünftiges Haus.

So unterschieden sich die DDR-Bürger in jene, die mehr oder minder gut bemittelte zahlungswillige Westverwandtschaft besaß und solche, die eben keine hatten.

Es ist vielleicht etwas verfehlt, in diesem Zusammenhang von einer „Zweiklassengesellschaft“ in der DDR zu sprechen. Es waren im Verhältnis gesehen nicht allzu viele Menschen, welche von den geschilderten Vorteilen profitieren konnten. Der weitaus größere Teil hatte mit den alltäglichen Versorgungsmängeln zu kämpfen.

Da in der DDR ebenfalls schwierig sein konnte, einen Werkstatttermin oder auch sonstige handwerkliche Leistungen zu bekommen, war es sehr vorteilhaft, selbst über entsprechende Fähigkeiten zu verfügen und nach Feierabend anbieten zu können, sei es im Kfz.-, Bau- oder anderen Bereichen. Als Bezahlung wiederum konnte man neben Geld auch Dinge fordern, die man selbst benötigte oder in die benötigten umtauschen konnte. Immer war es wichtig, selbst etwas anbieten zu können, an etwas „ranzukommen".

So existierte eine inoffizielle, aber riesige Tausch- und Schattenwirtschaft in der DDR und in den „Volkseigenen Betrieben" (VEBs) wurde trotz Bewachung durch den Betriebsschutz und drakonischer Maßnahmen bei Entdeckung gestohlen und privat gearbeitet, was das Zeug hielt.

Für Menschen, die jene Zeit nicht selbst erlebten, sind die geschilderten Zustände sicherlich schwer zu verstehen und auch nur teilweise aus der herrschenden Mangelwirtschaft heraus zu erklären.

Andererseits identifizierten sich viel Menschen mit ihrem Betrieb und leisteten hervorragende Arbeit und das trotz auch hier ständig fehlender Ersatzteile und fehlenden Materials. Ohne das Talent, aus nichts noch etwas zu machen, ohne die hohen Fachkenntnisse und das Improvisationstalent der DDR-Belegschaften wäre kein Betrieb, noch dazu mit ständig erhöhten Produktionsmengen, lange gelaufen. Ein Umstand, der nach der politischen Wende oft nicht anerkannt wurde.

Bewusst verzichte ich darauf, eine tiefgreifende politisch-wirtschaftliche Analyse der DDR vorzunehmen. Dazu sind sicher andere berufen. Ich habe nur an den Stellen politischen Bezug genommen, an denen es mir der besseren Erklärbarkeit halber sinnvoll erschien. Es sollte auch keinesfalls der Eindruck entstehen, in der DDR hätte es fast gar nichts zu kaufen gegeben. Die Grundversorgung war stets sichergestellt, es gab aber natürlich auch Textilien, Kosmetik, Bücher, Haushaltswaren, Elektrogeräte, Spielzeug und vieles mehr in den Läden. Viele gewünschte Dinge aus diesen Bereichen gab es aber nur schwer, gar nicht oder nicht in der entsprechenden Qualität oder Form. Dabei wurden durchaus auch gute Produkte hergestellt, aber stets zu wenige und zu meist auch hohen Preisen.

Ansonsten habe ich die Verhältnisse so geschildert, wie ich und vielleicht auch viele andere sie erlebten.

Musik, Musik

Jede Beschreibung der siebziger Jahre wäre unvollständig, ohne die Musik jener Zeit zu erwähnen. Wir waren jung und, wie meistens, spielte die Musik und alles, was damit zusammenhängt, eine wichtige Rolle in diesem Abschnitt unseres Lebens. Damit meine ich besonders die Rock- und Popmusik und auch die Schlager jener Jahre. Für mich persönlich war es damals so und auch heute hat sich wenig daran geändert. Bei manchen der Songs bekomme ich noch immer Gänsehaut, kaum dass der erste Akkord erklungen ist. Sofort erscheinen Bilder in meinem Kopf oder es läuft sogar ein ganzer Film der Vergangenheit ab. Alles ist miteinander verknüpft, die Musik spielt den Soundtrack im Gedankenkino. Wie oft haben mich Lieder getröstet, wenn ich traurig war, oder haben mich träumen lassen.

Bei „Love hurts“ von „Nazareth“ konnte ich mich in fast masochistischer Manier in Liebeskummer wälzen oder bei „Sugar Baby Love“ von den „Rubettes“ fast wahnsinnig vor Euphorie an den ersten Kuss denken. Ich konnte „Lobo“ gut nachfühlen, wie er mit “Baby, I‘d love you to want me“ das Verliebtsein in seine Lehrerin beschrieb und ich konnte meine Beine nicht mehr stillhalten, wenn die ersten Takte von Elvis‘ „Jailhouse Rock“ erklangen (der natürlich aus einer früheren Epoche kam). Die mit der Musik verbundenen Emotionen sind unsterblich und werden mich immer begleiten.

Bis heute begeistert mich auch jede Form von Live-Musik. Ich habe es schon einmal beschrieben, wie wir einen Kumpel bewunderten, der etwas E-Gitarre spielen konnte. Wenn es auch nur die Intros von „Satisfaction“ und „One and One“ waren, die er zum Besten geben konnte – unsere

Bewunderung kannte keine Grenzen. Immer wieder überredeten wir ihn zu „Zugaben“, bis seine Fingerkuppen wund waren.

Jahre später hatte ich einen Bekannten, der gut Akustikgitarre spielen konnte. Es gab für mich nichts Schöneres, als unter seiner Begleitung „Who‘ll stop the Rain“ von „CCR“ oder John Denvers „Take me Home country Road s“ zu singen.

Die frühesten Erinnerungen mit selbst gespielten Instrumenten führen zu den Feiern in meinem Elternhaus zurück. Zu vielen Anlässen, besonders zu den unvergesslichen Silvesterfeiern, holte meine Mutter ihre große Ziehharmonika hervor. Wenn mein Onkel in entsprechender Laune war, griff er gleichzeitig zu seiner Mundharmonika von „Hohner“. Nach kurzem Probierspiel griff meine Mutter dann voll in die Tasten. Spätestens jetzt hielt es niemanden mehr auf dem Stuhl. Die paar Möbel in der Wohnstube waren schnell umgestellt und der Teppich zusammengerollt. Alle tanzten oder sangen mit und wer es nicht tat, der hatte Fischblut in seinen-Adern! Besonders schön wurde es auch, wenn meine Tante mit ihrem Akkordeon die „Band“ verstärkte. Ich glaube, so eine Atmosphäre lässt sich mit keiner Tonkonserve der Welt erzeugen.

Von uns Jugendlichen konnte leider kaum jemand ein Instrument wirklich spielen. Als Kinder lernten wir vielleicht noch auf der „Triola“ den Hit „Alle meine Entchen“ zu spielen oder quälten uns in der Schule mit den schrecklichen Blockflöten herum, aber das war es dann auch schon.

Also waren die „Tonkonserven“ und die entsprechenden Geräte, um diese erzeugen und abspielen zu können, für uns von großer Wichtigkeit.

Ein Traum vieler Jugendlicher bestand darin, ein Kombigerät zu besitzen, bei dem Kassettengerät und Radio in einem Gehäuse untergebracht waren. Diese Geräte waren aber natürlich auch schwer zu bekommen und auch teuer. Wer ein „Anett“ oder sogar einen „Stern-Rekorder“sein eigen nennen konnte, wurde heftig beneidet. Besonders das letztere Gerät mit Holzgehäuse und den verchromten Knöpfen an der Oberseite, hatte es mir angetan. Leider ist es mir nie gelungen, ein solches Teil zu bekommen. Viele gaben ihr gesamtes gespartes Geld, inklusive das von der „Jugendweihe“ übriggebliebene, dafür aus.

Übrigens nahmen die meisten von uns an der „Jugendweihe“ teil, die im Alter von 14 Jahren zelebriert wurde und mit der man in der Welt der Erwachsenen aufgenommen werden sollte. Einige wenige feierten Konfirmation. Zur „Jugendweihe“ wurde einem staatlicherseits der „Bestseller“ „Sozialismus – Deine Welt“ überreicht. Ich glaube, gelesen haben das fundamentale Werk die Allerwenigsten. Unsere Vorgänger hatten wenigstens noch das Glück, das viel besser lesbare Buch „Weltall-Erde-Mensch“ zu bekommen. Wichtiger für uns aber war der Brauch, dem „Jugendweihling“ Geldgeschenke durch Verwandte und Nachbarn zukommen zu lassen. Dieses Geld wurde eben auch zum Erwerb von begehrten Geräten verwendet.

Schließlich war es mir gelungen, stolzer Besitzer eines „Sonett“-Kassettentonbandgerätes zu werden. Jeder hatte dieses keinen Radioteil, war aber in seiner roten Plastik auch recht hübsch anzuschauen. Mein Freund Thomas nannte in der gleichen Zeit ein polnisches Kassettengerät sein eigen und trug es meist in einer ledernen Schultertasche umher. Stundenlang saßen wir nun beisammen und überspielten mit

Hilfe eines Diodenkabels jene Songs auf die Kassette des anderen, die dieser jeweils noch nicht hatte. Viel Zeit konnten wir auch damit verbringen, die Kassettenhüllen zu verzieren. Dafür klebten wir kleine Bildchen auf und verwendeten auch Rubbel-Buchstaben und malten mit „Filzis“ britische Flaggen. Alle aufgenommenen Titel wurden fein säuberlich auf die Faltpappe im Inneren der Hülle geschrieben. Vor dem Kauf einer neuen Leerkassette im „RFT“-Laden in der Collegienstraße mussten erst einmal die dafür fälligen 20 DDR-Mark zusammengekratzt werden. Für uns Jugendliche war das eine nicht unerhebliche Investition.

Auch hierbei war wieder Westverwandtschaft und eine geschenkte „Westkassette“, z.B. von „BASF“, ein klarer Vorteil. Immerhin ließen sich aber auch die DDR-Kassetten nach Lösen von fünf kleinen Schrauben öffnen, um ein gerissenes Band zu kleben. Manchmal war auch ein „Bandsalat“ zu beheben. Anschließend musste, mit Hilfe eines in die Spule gesteckten Kugelschreibers, das Band wieder sorgfältig aufgewickelt werden.

Im Handel gab es aber auch, und manchmal ausschließlich, Kassetten sowjetischer Produktion zu kaufen. Die Kassettenhälften waren geklebt und ließen sich nicht öffnen. Nach kurzer Laufzeit gaben diese „Spitzenprodukte“ sehr gern quietschende Geräusche von sich. Das war natürlich sehr störend beim Musik hören. Mutig versuchten wir mit größter Behutsamkeit, die verklebten Hälften zu öffnen, um die Störquelle (meistens die Rollen) zu finden und möglichst zu beseitigen.

Der Versuch endete aber meist mit einem Bruch einer Plastehälfte und dem abschließenden Entsorgen des Gesamtteils in den Müll. Das war höchst ärgerlich, denn neben der Investition war auch mancher Song verschwunden. Der ganze Akt wurde daher auch immer mit saftigen Flüchen begleitet. Es gab übrigens auch Original-Kassetten unserer Idole auf dem Markt, allerdings vorwiegend im „Westen“ und in der DDR als Lizenzprodukt auch wieder nur höchst selten.

Als Zubehör erstand ich irgendwann ein Mikrofon. Damit ließ sich vom Fernsehgerät, das selbstverständlich über keinen passenden Anschluss für ein Überspielkabel verfügte, aufnehmen. Ich hatte bei diesem Vorhaben allerdings die große Uhr auf dem Wohnzimmerschrank meiner Eltern vergessen. Deren überlautes Ticken wurde natürlich mitgeschnitten und gab der Aufnahme einen sehr seltsamen „Hintergrundtakt“. Auch durfte während der Aufnahme niemand reden oder niesen. Diese Verbote wurden in meiner Familie als ziemlich nervig empfunden und so nutzte ich das Mikro zusammen mit meinen Freunden lieber für Sangesübungen.

Der große Traum von meinen Gefährten und mir war in dieser Zeit, ein richtiges Spulentonbandgerät zu besitzen. Manche Haushalte verfügten über ein altes „Smaragd“-Tonbandgerät aus den fünfziger/sechziger Jahren. In ihrer Zeit der ganze Stolz der Familie, waren diese Mono-Geräte für unsere Generation allerdings schon zu antiquiert. Neue Tonbandgeräte gab es nur ganz schwer zu kaufen, noch viel schwere als Kassettenrekorder. In den Schaufenstern der Wittenberger Fachgeschäfte stand immer nur ein einziges Modell, das aber keiner kaufen wollte. Das sowjetische Gerät mit dem bezeichnenden Namen „Jupiter“ wog anscheinend auch so viel wie der gleichnamige Planet. In Anlehnung an das sowjetische Farbfernsehgerät „Raduga“ wurde auch dieses Produkt aus Freundesland „Koljas Handgeschmiedeter“ genannt. Zusätzlich sorgte aber auch der hohe Preis von 3000 DDR-Mark dafür, dass der „Jupiter“ tatsächlich wie festgeschmiedet in den Schaufenstern stand. Auch mehrere Preissenkungen über die Jahre hinweg änderten daran nichts

Wesentliches. Dabei konnten in der damaligen Sowjetunion auch ganz gute Tonbandgeräte gebaut werden. Mein Schulfreund Peter besaß so ein etwas älteres Modell mit viel Chrom und stereotauglich.

Auch in der DDR wurden durchaus qualitativ hochwertige Tonbandgeräte produziert. Allerdings stand davon kaum etwas in den Schaufenstern und wurde, wie so vieles, oft nur „unter der Hand" verkauft. Also versuchte ich erst einmal, ein gebrauchtes Tonbandgerät aus DDR-Produktion zu kaufen. Verkauft wurden natürlich aber meist nur veraltete oder defekte Geräte. Eifrig studierte ich die einschlägigen Verkaufsanzeigen in der Zeitung „Freiheit" und hatte tatsächlich Glück. In Reinsdorf, unweit von Wittenberg, bot jemand ein defektes Tonbandgerät vom Typ „ZK 120" an. An einem regnerischen Frühlingsabend machte ich mich schließlich auf den Weg zum Verkäufer und erstand für relativ wenig Geld das Gerät. Allerdings drehten sich daran nur die Spulen, zu hören waren nur ganz leise Stimmen, ähnlich wie bei einem Plattenspieler ohne Lautsprecher. Also brachte ich meine Neuerwerbung in ein bekanntes Fachgeschäft zur Reparatur. Nach wochenlangem nachfragen eröffnete mir die nicht gerade freundliche Angestellte schließlich, dass nur der Ein- und Ausschalter gewechselt werden konnte (dieser war beim Kauf ebenfalls leicht beschädigt), ansonsten sei „nichts zu machen", und warf mir das Gerät fast in die Arme.

Nach dem Begleichen der für mich nicht unbeträchtlichen Rechnung stand ich nun mit meinem Tonbandgerät ohne Ton wieder vor der Ladentür. Aber in Piesteritz gab es ja schließlich noch „Rudloff", ein weiteres Fachgeschäft mit angeschlossener Werkstatt. Dorthin eilte ich nun und nach ein paar Wochen gelang schließlich, was ich nicht mehr für möglich gehalten hatte: Es wurde ein Tonkopf ausgetauscht und das Gerät lief wieder tadellos! Inwischen hatte ich mir auch ein Stereo-Radio zugelegt und meinen Vater dazu überredet, hoch oben am Giebel des Hauses „Hermann-Kürschner-Straße 8“ noch eine UKW-Antenne für den Radioempfang anbringen zu lassen. Jetzt konnte ich endlich meine Songs in guter Qualität aufnehmen! Mein Cousin Peter war inzwischen ebenfalls entsprechend „hochgerüstet“.

Eine unsere Lieblingssendungen war „Hits are go go“, die samstagvormittags von „RIAS“ ausgestrahlt und vom unvergessenen Knut Kiesewetter moderiert wurde. „Ausgerechnet dieser Stacheldraht- und Hetzsender!“, würden die Genossen gedacht haben. Auch in der Woche suchten wir im Radio nach Songs, die wir aufnehmen konnten. Am Mittwoch gab es immer das „Rock‘n‘Roll-Radio“ zu hören, leider nur auf Mittelwelle, aber trotzdem schnitten wir eifrig mit. Allerdings gab es manchmal Empfangsstörungen oder irgendjemand nervte uns beim Aufnehmen, sodass ausgerechnet der beste Song nicht auf das Band kam. Dann eilte ich schnell zu meinem Cousin. Meistens hatte der mehr Glück gehabt und wir konnten überspielen. Beide von uns bekamen diese Gänsehautgefühle, wenn uns ein alter Song in die Fänge geriet, den wir vorher gar nicht kannten, nun aber wunderschön fanden. Wir waren eben echt „Musikirre“! Von manchen Musikstücken hatten wir nur ein paar undeutliche Fragmente auf Band. Erklang nun die Musik glasklar und in voller Länge vom Band, freuten wir uns immer wieder.

Bei einem Motorradunfall hatte sich mein Cousin leider ein Bein gebrochen. Diese Gelegenheit nutzten wir, um stundenlang alte Tonbänder zu hören, die er von irgendjemanden geschenkt bekommen hatte. Jedes Mal entdeckten wir für uns neue Songs und begannen auch, die Titel in unserem höchst unvollkommenen Englisch aufzuschreiben. So verbrachten wir viele schöne Stunden mit Kaffee, Tee, Cola und Musik. Natürlich durfte auch die obligatorische Zigarette nicht fehlen! Wir versuchten, bei der englischsprachigen Musik, mehr vom Text zu verstehen und auch grammatikalisch korrekt aufzuschreiben. Mein Freund Thomas und ich machten uns immer übereinander lustig, wenn die Worte, die wir nachsangen, im Englischen eigentlich gar nicht existierten. Aber schon damals wütete das „Englisch-Virus" in mir, wir waren jung und lernten schnell.

Schließlich wurde der Wunsch in mir immer größer, ein 4-Spur-Stereo-Tonbandgerät zu besitzen. Das war nun ein ganz großes Vorhaben, denn wie bereits erwähnt, waren die begehrten DDR-Geräte kaum im Handel erhältlich. Ich hatte auch eisern gespart, um mir diesen Riesentraum vielleicht irgendwann erfüllen zu können. Da fiel mir Fritz ein, Martinas Onkel, der bereits im vorigen Buch Erwähnung fand. Fritz konnte fast alles besorgen und war auch sonst ein feiner Kerl. Penetrant begann ich ihn zu nerven, er solle mir doch so ein Gerät besorgen. Plötzlich stand Fritz eines Abends vor der Tür und wollte erst einmal die fälligen 1.300 DDR-Mark. Soviel hatte ich natürlich gar nicht im Haus. Fritz konnte das gar nicht so recht verstehen, lagen doch viel größere Beträge manchmal bei ihm einfach im Küchenschrank. Ich gab ihm alles, was ich gerade zusammenkratzen konnte, und auch meine Mutter und Schwester Medy legten noch etwas dazu. Ganz reichte es nicht und erst am nächsten Tag rannte ich zur Sparkasse und holte den Rest. Großzügig hatte sich Fritz mit diesem Verfahren einverstanden erklärt und dann hörte ich Wochen nichts mehr von ihm. Nachzufragen wagte ich mich auch nicht und obwohl ich Fritz unbedingt vertraute, wurde ich langsam unruhig. 1.300 Mark waren schließlich kein Pappenstiel und ich hatte nicht einmal eine Quittung.

Eines düsteren Märzabends dann klingelte es an der Wohnungstür meiner Eltern. Dort stand aber niemand und ich sah aus dem Wohnzimmerfenster auf die „Hermann-Kürschner-Straße“. Unten stand, breit grinsend, Fritz und hatte den Kofferraum seines „Trabant“ geöffnet. Darin sah ich schon von oben meinen Traum liegen: ein nagelneues „B 93“-Stereo-Tonbandgerät mit diagonal angeordneten Spulen und in seiner großen Originalverpackung!

Ich weiß bis heute nicht mehr, wie ich die Treppe runterkam. Ich rutschte und schlitterte jedenfalls die Stufen in einem irrsinnigen Tempo hinab, um endlich zu Fritz und meinem Traum zu gelangen. Ich habe den armen Kerl fast zu Boden gerissen vor Freude und führte mich auf wie ein Irrwisch. Das Auspacken und Ausprobieren war eine einzige Feier und ich konnte es immer noch nicht glauben, wirklich der Besitzer des edlen Teils zu sein. In der ersten Nacht danach bin ich sogar aufgestanden, um nachzusehen, ob ich nicht etwa geträumt hätte. Am nächsten Tag kam mich einer meiner Kumpel abholen und ich führte ihn stolz in mein Zimmer. Meine Neuerwerbung ließ sich auch geneigt aufstellen und war so in seiner ganzen Pracht zu besichtigen. Unwillkürlich entfuhr meinem Besuch ein höchst anerkennendes „Oh, du Kunde!“, was mich noch stolzer machte.

Obwohl ich in meinem späteren Leben viel wertvollere Gegenstände erwarb, habe ich mich niemals wieder so gefreut wie über dieses Tonbandgerät.

Übrigens baute mir später ein guter Freund eine Lichtorgel, die tatsächlich im Takt der jeweiligen Musik funktionierte und nicht nur aus zusammengeschalteten Zündern von Neonröhren bestand, die ein paar bunte Glühbirnen vollkommen willkürlich aufblitzen ließen. Sowas hatten sich in dieser Zeit auch einige Musikfans zusammengebastelt.

Jetzt konnten wir uns jedenfalls richtig etwas vormachen. Das Aufnehmen und Überspielen ging noch viel intensiver weiter als vorher. Auch die einschlägigen Musiksendungen im Fernsehen wurden von uns nicht verpasst. Es war noch die Zeit, als sich die ganze Familie am Samstagabend vor dem Fernseher versammelte. Um 19.30 Uhr kam im ZDF die „Hitparade“ mit Dieter Thomas Heck („Hier ist Berlin“). Alle angesagten Schlager waren dort zu hören. Die Interpretin oder der Interpret mit den meisten Zuschauerstimmen (anfangs noch per Post abgegeben) war in der nächsten Sendung wieder dabei. Von den damaligen Schlagern wurden einige richtige Ohrwürmer und gehören immer noch zu meinen Lieblingssongs.

Dann gab es noch die Sendung „Disco“ mit Ilja Richter („Licht aus, womm, Spott an!“). Hier traten auch englischsprachige Gruppen und Sänger auf. Die „Disco“ verpasste ich fast nie, ebenso auch den „Musikladen“. Der „Musikladen mit Manfred Sexauer und Uschi Nehrke (schon im Beat-Club“ zu sehen), war Kult. Hier trat wirklich alles auf, was in der nationalen und internationalen Musikszene Rang und Namen hatte. Aber auch mancher Newcomer wurde durch seinen Auftritt in der Sendung erst bekannt. Auch wurden immer vier Oldies angespielt und der mit den meisten Zuschauerstimmen wurde am Ende in voller Länge gebracht. Das gefiel mir besonders gut. Ich kann mich noch gut daran erinnern, wie sehr ich Robin Gibb von den „BEE GEES“ die Daumen drückte. In dem gezeigten Schwarz-Weiß-Filmchen legte er seine filterlose Zigarette beiseite und begann am Klavier sein unvergleichliches „Saved by the Bell“ zu singen. Zusammen mit „August, October“ und „Massachusetts“ ist dies einer meiner absoluten Lieblingssongs aus den Sechzigern und gefällt mir viel besser als ihre später mit hohen

Kopfstimmen gesungenen so überaus erfolgreichen Disco-Hits.

An für uns wichtigen Fernsehsendungen aus diesem Genre kamen später noch „Plattenküche“ und „Bananas“ hinzu. Und im Osten, sprich der DDR? Für uns Beat- und Schlagerfans war dort wenig zu holen. Beatmusik war sowieso mehr oder weniger verpönt, erst recht die englischsprachige. Nur im „Kessel Buntes“ war davon ab und zu etwas zu sehen. Obwohl vom Text her sicherlich anspruchsvoller als so mancher „Westschlager“, waren die DDR-Produktionen musikalisch, bis auf wenige Ausnahmen, für meinen Geschmack irgendwie zu eintönig. Sie „bohrten einfach kein Gewinde ins Ohr“, das heißt, sie blieben selten haften. Zu den Ausnahmen gehörten nach meinem Geschmack am ehesten noch Gerd Christian („Sag ihr auch“), Holger Biege, “Karat“, „Perl“ („Zeit, die nie vergeht“), Andreas Holm, Frank Schöbel mit bestimmten seiner Lieder und einige andere.

Das „Schlagerstudio“ mit Chris Wallasch lief jahrelang im DDR-Fernsehen, wurde von uns aber wenig gesehen. Mit dem Aufkommen der Sendung „Bong“ mit Jürgen Karney in den achtziger Jahren wurden die Situation und auch die Schlager der DDR etwas besser.

Das zeitliche Spektrum des Entstehens meiner Lieblingsmusik war und ist breit. Der Bogen zieht sich von den fünfziger Jahren mit Elvis Presley, Fats Domino, Buddy Holly, Ricky Nelson, Johnny Cash und vielen anderen über die Sechziger mit ihren unzähligen Super-Songs bis in eben die Zeit der siebziger Jahre, unserem „eigenen“ Jahrzehnt. Natürlich entstanden auch späterhin viele Songs, die mir gefallen und zu meinen Favoriten zählen. Auch die Songs und Sänger der frühen siebziger Jahre gehören natürlich dazu. Ob

„CCR“ („Who‘ll stop the Rain“), „Middle of the Road“(„Sacramento“), „The Cats“ („One Way Wind“), Neil Young („A Heart of Gold“), „Christie“ („San Bernardino“) – alles gehört zum Fundus.

Manchem Schulkameraden war es suspekt, wenn man sich als Anhänger von Gruppen wie „ABBA“ oder den „Bay City Rollers“ oder gar noch als Schlagerfan outete. Das galt als zu „weibisch“. Besser waren in deren Augen schon „T-Rex“ oder zumindest „Slade“ oder „Led Zeppelin“. Aber darauf gab ich nichts. Wichtig war mir, dass der Song etwas in mir zum Schwingen brachte, mich in meinem Innern auf die eine oder andere Art berührte. Dann war es mir egal, wie Gruppe oder Sänger hießen, ob es Schlager oder Beat war.

Im Anschluss habe ich ein paar von unseren Lieblingssongs aus den Siebzigern und deren Interpreten aufgeschrieben. Die jüngeren Leser können jetzt gern weiterblättern, denn für sie ist die folgende Aufzählung sicherlich nicht von Interesse. Meine Zeitgenossen werden vielleicht aber sagen: „Ach ja, klar, das kenne ich noch!“ und hoffentlich mal wieder einen der alten Songs hören. Vielleicht bringt es sie auch kurz zurück in dieses für uns so einmalige Jahrzehnt und zaubert ein Lächeln auf das Gesicht. Diese Liste ist natürlich längst nicht vollständig, sondern nur eine kleine Auswahl. Die in Klammern stehenden Titel sind übrigens meine Lieblingstitel. Hier sind sie nun:

ABBA („S. O. S.“, „Fernando“), Albert Hammond („The Free Electric Band“, It's never rains in Southern California“), Adamo („Es geht eine Träne auf Reisen“, “Verzeihen Sie, Madame“), Alvin Stardust („I feel like Buddy Holly“, „My Cookajude“), Amanda Lear („Follow me“), Billy Swan („I can help“), Bino („Mama Leone“), Bay City Rollers („Bye,

Bye Baby“, Yesterday’s Hero“), Blondie („A Heart of Glass“, Sunday Girl“), Bernd Clüver („Der Junge mit der Mundharmonika“, „Der kleine Prinz“), Boney M. („Ma Baker, Rivers of Babylon“), Baccara („Yes Sir, I can Boogie“, “The Devil send you to Loredo“), Bonnie Tyler („Lost in France“, „It’s a Heartache“), Brotherhood of Men („Save your Kisses for me“), Bata Illic („Michaela“), Bruce Springsteen („Born to Run“), Cat Stevens („Morning has broken“, „Lady Dárbanville“), Cats („One Way Wind“), Carpenters („Top of the World“, „Please, Mr. Postman“), Carl Douglas („Kung Fu Fighting“), Christian Anders („Einsamkeit“, “In den Augen der andern“), City („Am Fenster“), CCR („Have you ever seen the Rain“), Chicago („If you leave me now“) Danyel Gerard („Butterfly“, “Harlekin“), David Dundas („Jeans on“, Another funny Honey- moon“), Dr. Hook and Medicine Show Band („Silvias Mother said“), Demis Roussos („Goodbye, my Love, Goodbye“, „Schönes Mädchen aus Arkadia“), Donna Summer („Lady of the Night“), Deep Purple („Smoke on the Water“), Daliah Lavi („Oh, wann kommst du“), Elfie Graf („Herzen haben keine Fenster“), Emerson, Lake and Palmer („Lucky Man“), Frank Farian („Rocky“), Frank Zander („Oh Susi“, „Ich bin der Ururenkel von Frankenstein“), Frank Schöbel („Stoney“, „Zwei schöne Jahre“), Fleetwood Mac („Go your own Way“), George Mc Crae („Rock you, Baby“), George Baker Selection („Paloma Blanca“, “Morning Sky“), Gunther Gabriel („Er fährt ‘nen 30-Tonner Diesel“, „He, Boss“), Gerd Christian („Sag ihr auch“), Gerry Glitter („I am the Leader“), George Harrison („My sweet Lord“), Gilbert O’Sullivan („Get Down“), Hollies („I’m Down“, The Air, that I breath“), Hello („New York Groove“), Harpo („Moviestar“, „Horoscope“), Howard Carpendale („Deine Spuren im Sand“, „Nachts, wenn alles schläft“), Hanne Haller („Am Samstagabend“), Hot Chocolate („You sexy Thing“), Julio Iglesias („Wenn ein Schiff vorüberfährt“), Juliane Werding („Am Tag, als Conny Kramer starb“, „Wenn du denkst, dann denkst du nur, du denkst“), Jürgen Drews („Ein Bett im Kornfeld“), Jürgen Marcus („Ein Lied zieht hinaus in die Welt“, „Ein Festival der Liebe“), John Travolta & Olivia Newton John („You're the one, that I want“), John Lennon („Imagine“, “Mother“), Johnny Wakelin („In Zaire“), Kenny („Julie Anne“), Kim Carnes („Bette Davies Eyes“), Lobo („Baby, I'd love you to want me“, „Me and you and a Dog named Bo“), Leo Sayer („When I need you“), Led Zeppelin („Black Dog“, „Stairway to Heaven“), Michael Holm („Tränen lügen nicht“, „El Lute“), Marianne Rosenberg („Fremder Mann“, “Mr Paul McCartney“), Middle of the Road („Sacramento“, „Soley, Soley“), Neil Diamond („I am I said“, “Beautifull Noise“), Neil Young („A Heart of Gold“), Nazareth („Love hurts“, „This Flight Tonight“), Oliver Onions („Orzowai“, „Santa Maria“), Peter Maffay („Du“, “Josie“), Patrick Hernandez („Born to be Alive“), Pussycat („Mississippi“, „Georgie“), Paola („Blue Bayou“), Pink Floyd („Another Brick in the Wall“. “Shine on you crazy Diamond“), Queen („Bohemian Rhapsody“, „We are the Champions“), Rubettes („Sugar Baby Love“, „Juke Box Jive“), Reinhard May („Über den Wolken“), Rolling Stones („Angie“), Rod Stewart („Sailing“), Rote Gitarren („Weißes Boot“), Smokie („Alice“, „Lay Back in the Arms of someone“), Suzie Quadro („If you can give me Love“, „Don't change my Luck“), Showaddywaddy („Heartbeat“, „When“), Sweet („The six Teens“, Fox on the Run“), Slade („Far, far away“), Sailor („A Glass of Champagne“, „Girls, Girls, Girls“), Santana („Samba Patie“), Status Quo („Whatever you want“), Simon & Garfunkel („Bridge over troubled Water“, „El Condor Pasa“), Supertramp („The logical Song“), Terry Jacks („Seasons in the Sun“, “Rock’n‘Roll I gave you“), T. Rex („Hot Love“, „Get it on“), The Teens („Gimme, Gimme, Gimme your Love“), The Kinks („Lola“), The Eagles („Hotel California“), Udo Jürgens („Griechischer Wein“, „Ehrenwertes Haus“), Uriah Heep („Lady in Black“), Volker Lechtenbrink („Er ist ein Macher“), Village People („Y.M.C.A.“), Vicky Leandros („Ich hab’die Liebe gesehen“), Wonderland („Moscow“), Wishful Thinking („Hiroshima“)

Das Lebensgefühl in der DDR

Wie war es denn nun wirklich, das Leben unserer Generation im kleinen Land DDR? War es tatsächlich so grau und eintönig, wie es heute so oft dargestellt wird, oder war es doch so bunt und abwechslungsreich, wie es uns die Bilder der Vergangenheit vielleicht nur vorgaukeln wollen?

Diese Fragen kann ich natürlich nur aus meiner ganz persönlichen Sicht beantworten, wenngleich ich auch glaube, dass viele meiner Altersgenossen ähnlich empfanden.

Und ich kann auch gleich zu Anfang feststellen: Ich lebte gern in der DDR! Besonders auch als Kind fühlte man sich geborgen und behütet und war es auch. Später störte mich und andere so manches, seien es nun die beschriebenen Versorgungsmängel oder auch die zunehmende Politisierung. Ich habe unsere Wünsche nach bestimmten, meist westlichen Produkten beschrieben, aber dieses Verlangen trieb uns auch nicht ständig um. Wir lebten unser Leben meist sorglos und in sozialer Sicherheit. Wir waren unbeschwert und erlebten die Zeit der ersten großen Liebe und es stand auch nicht ständig ein Aufpasser von der Stasi hinter einem. An gewisse Dinge, wie z.B. den unvermeidlichen ABV, hatten wir uns gewöhnt und nahmen es einfach als gegeben hin. Es hinderte uns nicht daran, die Träume der Jugend zu träumen und voller Optimismus zu sein.

Ich habe diese Zeilen bewusst für die jüngeren Leser, welche die DDR nicht selbst erlebt haben, an den Anfang gesetzt. Bei einseitiger Bewertung des bereits Dargelegten könnte nämlich gerade bei dieser Personengruppe der Eindruck entstehen, wir wären in der DDR stets gramgebeugt und in Einheitskleidung auf der Suche nach Westwaren durch graue Straßen geschlichen, hätten nie gelacht und ständig Angst gehabt. Und so war eben nun wirklich nicht! Wo Licht ist, gibt es aber auch Schatten und so wie überall war nicht immer alles nur gut, war so manches auch zumindest zweifelhaft. Vieles ist auch nur im Kontext der Zeit zu verstehen.

Auch wiederum für jene, die es nicht kennenlernten, möchte ich daher an dieser Stelle ein paar Ausführungen zu den „Rahmenbedingungen“ machen, unter denen unser Leben stattfand. In den vierzig Jahren der Existenz des Staates DDR waren die Bedingungen, wie bereits im Kapitel „Versorgung“ ausgeführt, durchaus nicht immer absolut gleich, weder im wirtschaftlichen noch im politischen Bereich. Politisch galt natürlich immer das Hauptanspruch, ein sozialistischer Staat der Arbeiter und Bauern zu sein. In der Realität bestimmten aber nicht die Arbeiter und Bauern über den Staat, sondern das Politbüro über eben jene angeblichen Inhaber der Macht. Das Politbüro mit seinen immer mehr vergreisenden Mitgliedern und dem Vorsitzenden als absoluter Machtfigur bestimmte somit die gesamte Politik allein und führte damit seinen eigenen Anspruch selbst ad absurdum. Da half auch der ständige Hinweis der Politbüromitglieder auf ihre eigene proletarische Herkunft und der Schein von demokratischen Volkskammerwahlen (Zettel falten) nicht wirklich. Bestimmte Kennzeichen einer sozialistischen Gesellschaft waren in der DDR meiner Meinung nach durchaus verwirklicht, andere bis zur Unkenntlichkeit deformiert. Diese Tatsache scheint vielleicht weniger verwunderlich, wenn bedacht wird, dass diese Sozialismusform letztendlich auf russischen Bajonetten nach Deutschland kam, wenn auch in abgewandelter Form. Kritik an den politischen Verhältnissen wurde immer strengstens sanktioniert. Alles Westliche galt als dekadent und verdächtig. Dieses paranoide Verhalten betraf natürlich auch uns Jugendliche, sollten wir doch die künftigen Träger des sozialistischen Staates sein und von fremden oder gar feindlichen Einflüssen ferngehalten werden. Daher war es den Herrschenden immer besonders suspekt, dass die meisten von uns Anhänger westlicher Musik und westlicher Filme und Fernsehsendungen waren.

Gerechterweise muss ich an dieser Stelle aber auch einige Beiträge und Filme des DDR-Fernsehens erwähnen, welche die meisten sich ganz gern ansahen. Ob es unser „Sandmännchen“ war, „Meister Nadelöhr“, „Prof. Flimmrich“, „Pittiplatsch“, „Herr Fuchs und Frau Elster“, „Borstel“ oder „Blase und Bastschuh“ – diese liebenswerten Sendungen und Figuren haben ganze Generationen von DDR-Kindern begleitet und glücklich gemacht. Das gilt auch für die wunderschönen Märchenfilme aus DDR-Produktion, wie „Der kleine Muck“, „Das kalte Herz“, „Drei Haselnüsse für Aschenbrödel“ und so viele andere. Auch aus der damaligen Sowjetunion kamen ganz gute Märchenfilme, beispielsweise „Abenteuer im Zauberwald“, „Die schöne Wawara“ etc.

Viele von uns sahen auch gern die Serien „Zur See“, „Aber Vati!“oder auch „Spuk unterm Riesenrad“ und „Alfons Zitterbacke“. Trotz alledem war unser Medienkonsum aber eindeutig „westlastig“.

Es wurde versucht, beispielsweise durch Quotenfestlegungen in den Discos (60 % DDR-Musik und 40% Westmusik), wenigstens etwas gegenzusteuern. Auch das DDR-Fernsehprogramm sollte bunter und vielfältiger werden, dazu wurden auch solche Unterhaltungssendungen wie „Ein Kessel Buntes“ aus der Taufe gehoben.

Noch in den sechziger Jahren wurde sogar hingesehen, in welche Richtung die Fernsehantennen auf den Dächern standen. Eine Steigerung erfuhr das Ganze noch, als, wie in

Leipzig geschehen, FDJ-Initiativen alle Antennen heruntergerissen, die in westliche Richtung zeigten. Solche Gewaltakte gab es in den späteren Jahren meines Wissens nach nicht mehr.

Mit Unterzeichnung der Schlussakte von Helsinki verpflichtete sich auch die DDR, wenigstens auf dem Papier, die Menschenrechte zu achten, und konnte daher auch auf diesem Gebiet nicht mehr ganz so restriktiv agieren. Außerdem lechzte dieser Staat DDR förmlich nach internationaler Anerkennung und musste sich schon daher etwas liberaler geben. So wurde der Westempfang stillschweigend geduldet, auch wenn es sich nicht empfahl, damit überall Werbung zu machen. Das galt insbesondere für die öffentlichen Einrichtungen wie Schulen, Hochschulen usw. Wie streng besonders bei der NVA mit diesen Dingen umgegangen wurde, werde ich ausführlich im nächsten Buch schildern.

Jeder Jugendliche sollte Mitglied in bestimmten Organisationen sein. Gefragt wurde dabei höchstens der Form halber. So wurde ich mit Beginn der Schulzeit Jungpionier, durfte das blaue Halstuch tragen und meine Mitpioniere mit den Worten „Seit bereit!“ grüßen. Der Gegengruß lautete dann „Immer Bereit“ und wurde noch durch das Anlegen der Hand auf die Mitte des Kopfes unterstrichen. Natürlich grüßten wir außerhalb der offiziellen Anlässe, wie „Pioniernachmittage“ nicht so und schon gar nicht untereinander. Später wurden wir dann „Thälmann-Pioniere“ und trugen ein rotes Halstuch. Ich glaube, ab der achten Klasse, hatten wir die zweifelhafte Ehre, das blaue Hemd der Jugendorganisation „Freie Deutsche Jugend“(FDJ) anzuziehen. Letztere nannte sich auch „Avantgarde des Proletariats“ oder, noch schlimmer „Kaderreserve der Partei“.

Dann gab es auch noch die „Gesellschaft für Sport und Technik“(GST). Ziel dieser illustren Gesellschaft mit dem etwas irreführenden Namen war eindeutig die Gewinnung militärischen Nachwuchses für die NVA. Es gab innerhalb der Organisation verschiedene Sparten, wie „Seesport“, „Allgemein militärische Ausbildung“ oder auch „Militärkraftfahrer“. Viele konnten ihren LKW- oder Motorrad-Führerschein bei der GST kostenlos machen.

Regelmäßig durften wir auch ab der achten Klasse das ungeliebte „Beimler-Lager“ bei Bad Schmiedeberg für mehrere Tage aufsuchen. Hier konnten auch schon mal das Marschieren oder der Umgang mit Karte und Kompass geübt werden. Begründet wurde der ganze Blödsinn damit, dass der „Klassenfeind“ nicht schlafe und nur darauf warte, im Rahmen einer „Rollback-Strategie“ die DDR und alle sozialistischen Staaten anzugreifen. Daher müsste „Der Friede bewaffnet sein“ und auch wir Jugendlichen schon unseren Beitrag zum Weltfrieden leisten.

Wirklich daran geglaubt haben die wenigsten von uns, wenn auch die ständige Propaganda bei einigen schon Spuren hinterlassen konnte.

Ich war natürlich nicht so blauäugig zu glauben, dass uns die ganze Welt wohlgesonnen ist, und sah so manches ein, aber diese militärische Kraftmeierei und die dümmlichen Parolen erschienen mir sehr zeitig als suspekt und eher lächerlich.

Der Zweck von aller geschilderten Beeinflussung war ohne Zweifel, uns zu „bewussten Staatsbürgern der DDR“ zu erziehen, die den Sozialismus und die DDR jederzeit auch mit der Waffe verteidigen würden. So richtig erreicht wurde dieses Ziel wahrscheinlich auch hier nicht. Die meisten von uns machten nur mit, um ihre Ruhe zu haben.

Die Möglichkeit, ein paar Tage und Nächte in einer Art Feldlager („Beimler"-Lager) gemeinsam verbringen zu können, wurde als Gruppenerlebnis daher auch nicht nur negativ betrachtet. So wurde, und das ist vielleicht symptomatisch für viele ehemalige DDR-Bürger, aus allem das Beste gemacht.

Die wirtschaftliche Situation der DDR versuchte ich bereits zu schildern. Hinzuzufügen bleibt vielleicht noch, dass die Auswirkungen des wechselhaften Klimas zwischen dem „Großen Bruder Sowjetunion" und der DDR auf wirtschaftlichem Gebiet durchaus spürbar waren. Dasselbe galt auch für Beschränkungen des Westens, was den Handel mit sozialistischen Ländern und bestimmten Gütern betraf, die in der sogenannten „CoCom-Liste" erfasst waren.

Von großer Bedeutung bei der Entwicklung unserer Ansichten war selbstverständlich auch der Einfluss des Elternhauses. Viele unserer Väter und Mütter hatten noch den Krieg erlebt oder zumindest die Situation im zerstörten Deutschland danach. Diese Generation baute unter schwersten Bedingungen auch die spätere DDR wieder auf. Hier war der Beginn des neuen Staates durchaus verheißungsvoll. Ein wirklicher Neuanfang wurde versprochen nach zwölf Jahren Nazidiktatur und dem schrecklichsten aller Kriege mit Millionen Toten und ungeheuren Zerstörungen. Die junge DDR machte auf vielen Gebieten tatsächlich Ernst damit.

Keiner der wirklichen Nazilehrer oder Nazirichter wurde wieder auf das Volk zugelassen oder bekam gar noch eine Pension für seine Tätigkeit im Nazireich.

Dagegen wurden lieber Neulehrer ausgebildet. Das war sicherlich der mühsamere, aber bessere Weg. Auf diese Art und Weise gelangten viele einfache, aber begabte Menschen durch ständige und stufenweise Qualifizierung bis hin zu Universitätsabschlüssen. Endlich war das Bildungsprivileg wenigstens in unserem Teil Deutschlands gebrochen und es spielte keine Rolle mehr, wie wohlhabend oder einflussreich das Elternhaus war. So legte auch mein Onkel den weiten Weg vom Schichtschreiber in der Karbidanlage des Stickstoffwerkes bis zum Universitätsabschluss als Diplom-Psychologe zurück. Mein Vater, als einfaches Kind vom Lande mit Volksschulabschluss, gelangte über das Nachholen höherer Schulabschlüsse und das daran anschließende Studium zum Ingenieurabschluss.

Zudem ging es auch in der DDR, trotz riesiger Reparationsleistungen für die Sowjetunion und ohne Marshall-Plan-Hilfe, wirtschaftlich zwar langsam, aber ständig bergauf. Obwohl mein Vater durchaus gewisse politische und wirtschaftliche Fehlentwicklungen des Staatssystems registrierte, blieb er doch bis zu seinem Tod ein Anhänger der DDR. Oft führten wir stundenlange, freundschaftliche Dispute über dieses Thema, nicht, weil ich seine Sichtweise in Frage stellte, sondern mehr über die Bewertung bestimmter Entwicklungen.

Meine Mutter war politisch eher indifferent, litt aber lange Jahre darunter, ihre alte Heimat, das Sudetenland, als Flüchtling infolge der Ereignisse des Zweiten Weltkrieges unter dramatischen Umständen verlassen haben zu müssen. Übrigens sollte in der DDR das Wort „Flüchtling“ in diesem Zusammenhang nicht verwendet werden, sollte doch kein schlechtes Licht auf das sozialistische „Bruderland“ Tschecheslowakei geworfen werden. Zu diesem Staat gehörte nach Kriegsende das ehemalige Sudetenland. Die Tschechoslowakei setzte die berüchtigten „Benesch-Dekrete“ in Kraft, in denen die Vertreibung alles Deutschen manifestiert wurde.

Kurz, sehr kurz nur, habe ich versucht, die eingangs erwähnten „Bedingungen" darzustellen, unter denen meine Generation die prägendsten Jahre ihres Lebens verbrachte. Mehrmals erwähnte ich, dass unsere Sichtweise dabei auch vom jeweiligen Alter abhing. Als Kind war diese Sichtweise naturgemäß eine andere als als kritischer Teenager. Die Geborgenheitsgefühle, die ich als Kind empfand, schilderte ich am Beginn des Kapitels. Die Soldaten der Armee bewachten uns und den friedlichen Aufbau, die Genossenschaftsbauern sorgten auf dem Feld mit ihren „Ernte-Kapitänen" gemeinsam für unsere Nahrung, während die Angestellten und Arbeiter in den Betrieben durch ständige Erfüllung und Übererfüllung der Produktionspläne ebenso fleißig für unser aller Wohl arbeiteten. So oder ähnlich fühlten wohl die meisten Kinder in der DDR zu jener Zeit. Wie viel davon tatsächlich der Wahrheit entsprach oder jeweils etwas „aufgehübscht" wurde, konnten wir natürlich in diesem Alter noch nicht unterscheiden.

Es war auch zu spüren, dass die meisten Erwachsenen uns Kindern wohlgesonnen waren und sich um uns kümmerten. Kindergarten, Kinderkrippe und Schule kosteten den Eltern kein Geld. Alle Einrichtungen waren stets eng mit dem Elternhaus vernetzt.

Ich fand und finde es auch bis heute nicht beklagenswert, zu den „Pionieren" gehört zu haben. Als solche sammelten wir Altpapier und Gläser, um den Erlös beispielsweise dem vietnamesischen Volk zu spenden, welches sich zu jener Zeit in einem äußert grausamen Krieg mit den USA befand. Wir halfen alten Menschen, ihre Einkäufe zu tragen und vieles mehr. Es mag schon sein, dass die DDR-Führung durch alle Organisationen auch ihren Einfluss auf die Kinder und Jugendlichen stärken wollte. Das war uns aber nicht ständig bewusst und anderen Menschen zu helfen, ist für mich immer noch nicht die schlechteste aller Handlungsweisen.

Die Menschen in der DDR waren auch keine „Notgemeinschaft“, wie später so gern behauptet wurde. Dagegen wurde uns beigebracht, unsere Mitmenschen zu achten und zu beachten. Niemand wurde einfach hängengelassen. Auch für schlechte Schüler wurde noch ein Schulabschluss versucht und eine anschließende Ausbildung als „Teilfacharbeiter“ angeboten. Entlassenen aus dem Strafvollzug wurde eine Wohnung angeboten, wenn es oft auch keine besondere war. Auf der Straße leben musste jedenfalls keiner. Ein Arbeitsplatz wurde zugewiesen und das „Arbeitskollektiv“ nahm den neuen Mitarbeiter in die Pflicht. Manch einem davon gefiel das engmaschige Korsett nicht, aber viele nahmen gerade dadurch noch eine gute Entwicklung und wären in anderen Länder vielleicht irgendwo unter der Brücke gelandet. Arbeitslosigkeit und Drogenprobleme lernten wir nicht kennen. Die Wohnung und die Arbeitsplätze der Eltern waren sicher. Dieses Gefühl der Sicherheit wurde wahrscheinlich auch als allzu selbstverständlich hingenommen. Schon in der Schule wurde das „Wir“-Gefühl gestärkt, gute Schüler halfen in Lernpatenschaften den schwächeren Schülern und vieles wurde gemeinsam unternommen.

Der Zusammenhalt unter den Menschen war, allgemein betrachtet, viel größer als heute. Es kam auch nicht darauf an, mehr zu besitzen als der andere. Ich denke, wir Menschen sind im Grunde soziale Wesen und gerade aus dem Mitmenschlichen resultiert ein großes Stück Lebensqualität. Es ist ein großer Trugschluss anzunehmen, materieller Besitz oder eine noch exoterische Urlaubsreise könnten dies ersetzen. Die wirklich wichtigen Dinge lassen sich nicht kaufen.

Eine pausenlos hämmernde Werbeindustrie und gewisse politische Akteure möchten uns das aber ständig glauben lassen.

Der Wechsel vom „Wir“ zum „Ich“ (genannt „Individualismus“) erfolgte jedenfalls erst nach dem Ende des Staates DDR.

Wir mussten auch nicht hungern. Lebensmittel waren stets vorhanden, wenn auch in unterschiedlicher Menge und Qualität. Wir lebten aber in keiner Überflussgesellschaft und gerade dadurch freute man sich über Speisen, die es eben nicht jeden Tag gab, und genoss alles viel mehr. Mutter und Großmutter hatten sehr schlechte Zeiten erlebt und waren es gewohnt, aus wenigen Dingen sehr schmackhafte Speisen zu bereiten. Weggeworfen wurde nichts. Es war auch noch die Zeit, in der es in den meisten Familien üblich war, zumindest abends und an den Wochenenden gemeinsam zu essen. Jeder erzählte dabei, wie der jeweilige Tag verlaufen war, schilderte die kleinen und großen Sorgen sowie auch die Freuden des Alltags. Gerade in der Winterzeit, wenn der Schnee gegen die Fensterscheiben peitschte und die Glut des Küchenofens für Wärme sorgte, war eine tiefe Geborgenheit zu fühlen. Eine Geborgenheit nicht nur in der Familie, sondern auch in unserem kleinen Land. War es zum Weihnachtsfest gelungen, Fischfilet oder Wiener Würstchen zu ergattern, und wenn noch dazu der selbstgemachte Kartoffelsalat auf dem Tisch kam, dann genossen wir dieses Essen und das Zusammensein jedes Mal ganz besonders.

Ich und gewiss auch andere meiner Altersgenossen, sahen als Jugendliche natürlich auch die Schattenseiten der DDR deutlicher. Besonders das ständige politische agitiert werden nervte mich, obwohl ich auch damals schon wusste, dass viele der Klassikerzitate durchaus zutreffen, wie man heute in der Praxis erleben darf. Aber das permanente, plakative

„vor sich Hertragen“ von politischen Überzeugungen störte mich bei so manchem der damaligen Erwachsenen. Es war für mich auch durchaus zu spüren, wer aus echter politischer Überzeugung redete oder wer nur irgendetwas nachplapperte, vielleicht auch, um gut dazustehen oder Karriere zu machen. Vor solchen Menschen kann ich, genauso wie heute, keine Achtung haben. Diese Leute waren übrigens meist die Ersten, welche in der Wendezeit ihre SED („Sozialistische Einheitspartei Deutschlands“)-Ausweise hurtig in die bereitstehenden Wäschekörbe warfen und damit ihren Austritt aus jener Partei erklärten, von denen sie sich nun keine Vorteile mehr versprechen konnten. Da man mir als Jugendlichen manchmal ansehen konnte, was ich dachte („neutral gucken“ lernte ich erst später bei der NVA), bekam ich so manchen Anranzer.

Trotz allem, wirklich beseitigen wollten von uns Jugendlichen die DDR wahrscheinlich die wenigsten. Wie ich bereits beschrieb, waren wir natürlich ständig scharf auf westliche Erzeugnisse, vom „Pelikan“-Füller bis zur „Levi's“- oder „Wrangler“-Jeans. Aber wir wollten keinen vollständig neuen Staat oder dachten pausenlos darüber nach. Wir waren jung, fühlten uns gut und hatten wie alle Jugendlichen auf der Welt unsere Träume und Wünsche. Wir waren zum ersten Mal verliebt, wir erlebten das unfassbare Glück und Leid der Teenagerzeit, das zum „Himmel hoch jauchzende“ und das „zu Tode betrübte“. Wirkliche Sorgen kannten wir nicht, in diesem Alter schien es uns, als ob alles gelingen konnte, was man nur wollte. Wir waren einfach nur glücklich, vielleicht ohne es manchmal selbst zu merken.

Die Welt um uns herum ist heute spürbar kälter geworden und damit meine ich nicht das Wetter. Viele Illusionen aus der unserer damaligen Zeit sind verflogen. Zurück bleibt nur die Erinnerung und manchmal auch bittersüße Wehmut. Gerade deshalb möchte ich alle bitten, ein kleines bisschen mit dafür zu sorgen, dass es nicht noch kälter wird zwischen uns Menschen, wir wären sonst alle die Verlierer.

Meine Generation erlebte in der DDR in den siebziger Jahren eine wunderbare und unbeschwerte Zeit. Es war ein kleines Land, aber es war unser Land. Im Leben jedes Einzelnen von uns gab es viele wichtige und manchmal einschneidende Ereignisse. Berufsleben, Familie und die gesamte Wendezeit mit ihren Herausforderungen und Verwerfungen haben vieles verblassen und vergessen lassen. Und doch sind die geschilderten Jahre ein wichtiger Bestandteil unseres Lebens, vielleicht sogar unsere glücklichste Zeit. In jenen Jahren wurden wir geprägt und geformt, wurden zu den Menschen, die wir heute sind.

Trotz der vielen vergangenen Jahre bin ich mir sicher, dass bei den meisten meiner Altersgenossen schon der erste Akkord ihres Lieblingsliedes aus den Siebzigern ein Lächeln auf das Gesicht zaubert. Oder soll ich mit den Worten aus der „Feuerzangenbowle“ sagen: „Denn wahr sind nur die Erinnerungen, die wir mit uns tragen, die Träume die wir spinnen und die Sehnsüchte, die uns treiben?“

Auf alle Fälle sollten wir uns, ganz egal, wo jemand lebt oder wie alt man sich auch fühlt, unsere Träume von damals nicht vollends rauben lassen. Das „Electric Light Orchestra“ (E.L.O.) besingt das übrigens viel schöner, als ich es hier schreiben kann, mit ihrem Titel „Hold on Tight to y-our Dream“.

Damit möchte ich dieses Buch beschließen und hoffe, mir ist es gelungen, einen einigermaßen ausgewogenen Blick auf das Leben in der DDR ermöglicht zu haben, natürlich aus meiner ganz persönlichen Sicht.

Wer möchte, kann mit mir meinen Weg in der DDR im nächsten Buch weitergehen.

Im Buch „In the Army now“ schildere ich mein Leben als Wehrpflichtiger in den Reihen der „ruhmreichen“ NVA, so wie es tausende DDR-Bürger erleben und erleiden mussten.

Hans-Jürgen Müller